Inhalt

Aktionen

3–5 Jahre

5–7 Jahre

ab 8 Jahre

Bunte Farben, kleine Künstler

Stellen Sie sich vor, es gäbe keine Farben auf der Welt. Dann wäre die Erdbeere nicht rot, sondern grau. Die Natur, ihre Kleidung alles wäre grau – genau wie in dem Roman »Momo« von Michael Ende. In diesen Geschichten gibt es Menschen oder Wesen, die lieber in einer grauen und düsteren Welt leben als in einer Welt voller Farben.

Wie die Welt immer farbiger wurde

Bis vor etwa zweihundert Jahren war das Leben in unseren Städten und Dörfern recht eintönig. Farben an den Hauswänden und bunte Kleidung waren nur den Leuten vorbehalten, die sich diesen Luxus leisten konnten. Das kam daher, dass Färber die Farben damals aus seltenen Pflanzen und Tieren von Hand herstellen mussten. Für ein farbiges Hemd musste viel Geld gezahlt werden.

Erst Mitte des 19. Jahrhunderts fanden Forscher wie Adolf von Baeyer eine neue und viel billigere Methode, um Farben herzustellen: die Chemie. In den Abfällen von Teer, die seinerzeit bei der Erzeugung von Leuchtgas reichlich anfielen, entdeckten sie die Grundstoffe für die Herstellung synthetischer Farben.

Fortan sollte die Chemie die Welt bunter machen. Überall in Europa begannen Chemiker, die Teerderivate in riesigen Anlagen zu destillieren. Dabei nutzten sie die unterschiedlichen Siedepunkte der Inhaltsstoffe in den Teerabfällen, um diese voneinander zu trennen. Nachdem die Chemiker die ölhaltigen Inhaltsstoffe gefiltert und somit von Verunreinigungen gereinigt hatten, bearbeiteten sie diese Öle mit Alkohol oder Sauerstoff. Diese Verfahren lösten chemische Reaktionen aus, bei denen im Ergebnis synthetische Farbstoffe entstanden.

Die Vorteile synthetischer Farben

Die Herstellungskosten für diese neuen, künstlichen Farben waren wesentlich geringer als die Kosten für die Farben, die aus pflanzlichen und tierischen Rohstoffen gwonnen wurden. Ein weiterer Vorteil der synthetischen Farbstoffe war, dass sie deutlich ergiebiger in der Verwendung waren als die natürlichen Produkte. Hinzu kam ihre Leuchtkraft, Lichtbeständigkeit und Wasserfestigkeit. Doch damit nicht genug. Die Chemie produzierte im Laufe der Jahre eine breite Palette mit allen erdenklichen Farbtönen. Außerdem gelang es ihr, spezielle Farben für beinahe alle Materialien wie Wolle, Seide, Leder, Holz, Glas, Metall oder Stein herzustellen. Des Weiteren entwickelte sie Farben mit ganz besonderen Eigenschaften: spezielle Farben, die im Dunkeln leuchten. Diese Eigenschaft wird Fluoreszenz genannt. Bei Helligkeit speichern diese Farben Sonnenenergie, die sie bei Dunkelheit wieder abgeben. Probieren Sie diese Eigenschaft mit einer Banknote der Europäischen Zentralbank einmal aus, denn auf den Geldscheinen sind Fluoreszenzfarben aufgebracht.

Der Beruf des Färbers und die Kunst des Färbens

Früher gab es den Beruf der Färbers. Aufgabe der Färber war es, weiße Stoffe bunt zu färben. Welche Pflanzen und Tiere sich zum Färben eigneten, das wussten sie ganz genau. Doch dieses Wissen allein war nicht ausreichend. Die Färber brauchten daneben noch sehr gute Kenntnisse, um Farben haltbar zu machen. So kannten sie spezielle Verfahren, mit denen sie die verschiedenen Materialien vorbehandelten und färbten. Für Seide, Baumwolle, Leinen und Schafwolle gab es jeweils eigene Farbstoffe und spezielle Färbeverfahren. Fehlte einem Färber dieses Wissen oder arbeitete er nicht mit der erforderlichen Sorgfalt, gingen die wertvollen Farben verloren oder die Stoffe waren ruiniert.

Leuchtende Farben für das einfache Volk

Da die meisten Kleidungsstücke in früheren Jahrhunderten aus ungefärbten Materialien hergestellt wurden, konnten sich die einfachen Menschen nur Kleidung in den Naturfarben weiß, braun oder beige leisten. Gefärbte Stoffe waren für sie unbezahlbar.

Heute müssen wir uns keine Gedanken mehr um die Kunst des Färbens machen. Niemand muss heutzutage ein Tier jagen oder eine seltene Blume suchen, wenn er ein buntes Kleid oder Hemd tragen möchte. Heutzutage werden fast alle Farbstoffe in Fabriken chemisch hergestellt. Auch die Stoffe werden in Fabriken vorbehandelt und gefärbt. Auf diese Weise ist für das Färben der Materialien viel weniger Zeit erforderlich als früher und ist außerdem noch preisgünstiger.

Die Welt ist voller Farben!

Im weißen Licht der Sonne vereinen sich alle Farben. Sie wissen bestimmt, dass ein Prisma die Farben sichtbar macht. Wenn Sie einen pyramidenförmigen Lichtbrecher auf ein weißes Blatt Papier legen, können sie alle Regenbogenfarben sehen. Wenn Sie einen Regenbogen sehen, passiert genau dasselbe. Als Prisma fungieren Millionen von kleinen Wassertröpfchen, die das Sonnenlicht brechen. Er lenkt also das weiße Licht ab, so dass bunte Farben entstehen können. Bei farbigen Gegenständen wird das Licht ganz ähnlich wie beim Prisma gebrochen. Am Beispiel vom Azurit, einem blauen Stein, wird dies deutlich. Dieser Stein schluckt alle Anteile des weißen Lichts, bis auf das Blau. Und warum sehen Sie nur das Blau? Weil nur der blaue Lichtanteil zum Auge reflektiert wird. Genau wie beim Azurit funktioniert das mit allen farbigen Dingen auf unserer Welt. Schluckt ein Gegenstand gar kein Licht, dann ist er für uns weiß. Haben Sie einen schwarzen Gegenstand, so saugt dieser das ganze Licht auf und reflektiert nicht zurück.

Pigmente und Bindemittel

Grundsätzlich gibt es zwei unterschiedliche Arten von Farben. Es gibt die natürlichen organischen und die anorganischen Pigmente:

- Natürliche organische Pigmente bzw. Farbmittel lösen sich im Wasser auf. Sie sind in Pflanzen und Tieren enthalten. Sie werden vor allen Dingen zum Färben von Kleidung und Essen verwendet. Besonders beliebt sind Lebensmittelfarben unter anderen bei der Herstellung schön bunter Geburtstagstorten.
- Anorganische Pigmente lassen sich dagegen nicht so einfach in Wasser auflösen. Sie kommen in vielen Steinen und Mineralien vor. Mit Hilfe so genannter Trägerstoffe bzw. Bindemittel, beispielsweise mit Ölen, lassen sich aus Pigmenten verschiedene Farben herstellen. Diese Farben eignen sich unter anderem hervorragend zum Streichen von Innenwänden und Fassaden. Heute gibt es chemisch erzeugte Bindemittel, die die Pigmente sehr viel länger an sich binden. Diesen Bindemitteln kann Regenwasser nur wenig anhaben.

Früher wurde als Bindemittel häufig Leinöl verwendet, das nach einigen Jahrzehnten jedoch seine Eigenschaft verliert. Sie waren mit Sicherheit schon mal in einer Kirche mit alten Wandfresken und Gemälden. Dort können Sie sehen, wie die Farbe nach einigen Jahrhunderten von den Wänden abbröckelt. Die Farben selbst verändern sich mit der Zeit durch Einwirkung von Wind und Wetter. So wirkt eine Farbe aus blauem Azurit im Laufe der Zeit, als sei sie aus grünem Malachit hergestellt. Dies hat zur Folge, dass sich der strahlend blaue Himmel auf vielen alten Gemälden mit der Zeit grün verfärbt. Dann müssen Restauratoren die alte Farbe wieder mühsam herstellen und das Gemälde restaurieren. Mit den neuen Bindemitteln hält das Blau nun einige hundert Jahre lang.
Je feiner ein Pigmentteilchen gemahlen wird, desto intensiver leuchtet die Farbe. Ein Beispiel ist der Stein Pyrit, der auch als Katzengold bezeichnete wird. Wenn Sie einen Pyrit in das Licht der Sonne halten, dann sieht der Stein aus wie Gold. Zerschlagen Sie diesen Pyrit und zermahlen ihn ganz fein, dann erhalten sie schwarzes Pulver. Echtes Gold dagegen bleibt auch noch sehr schön golden, wenn es zu feinem Staub gemahlen wird. Daneben hat auch die Temperatur mehr oder minder starken Einfluss auf Pigmentfarben. Quecksilberoxid leuchtet zum Beispiel strahlend gelb. Wird es aber erhitzt, dann wechselt die Farbe in ein leuchtendes Rot.

Indigo, die Grundfarbe der Jeans

Bevor die Farbenindustrie im 19. Jahrhundert synthetische Farben herzustellen begann, wurde blauer Farbstoff aus der gelb blühenden Indigo-Pflanze gewonnen.
Die Färber wussten genau, wie das funktionierte. In große Holzbottiche gaben sie die Indigopflanze und übergossen sie mit reichlich Urin. Dann ließen sie das Gemisch gären. Nach ein paar Tagen war so der blaue Farbstoff aus den Pflanzen in die Flüssigkeit gewandert. Hatte der Färbesud die gewünschte Intensität, wurden die Indigopflanzen entnommen. Nun legten die Färber weiße Kleidungsstücke oder Stoffe in den Bottich und ließen sie einige Tage in dem Färbesud einweichen. Dann nahmen sie die Textilien aus dem Wasser.

Zu diesem Zeitpunkt war die Kleidung allerdings noch farblos und musste erst einige Stunden im Wind trockneten, ehe sich die aufgenommenen Farbstoffe durch die Berührung mit Sauerstoff in ein leuchtendes Blau verwandelten.

Weitere Farbstoffe aus der Natur

Noch vor wenigen Jahrhunderten galt ein rotes Gewand als besonders königlich, denn Purpurrot war die Farbe des Adels. Ein einfacher Bauer hätte sich solch ein Kleidungsstück niemals leisten können. Denn um die kostbaren Stoffe so leuchtend rot zu färben, stand den Färbern damals nur eine Möglichkeit zur Verfügung: die Farbe der Purpurschnecke. Wurden die kleinen Seeschnecken in Zitronensäure gelegt, spuckten sie einen leuchtenden Farbstoff aus. Danach mussten sie sich erholen und in ihren Drüsen neuen Farbstoff produzieren, ehe sie weitere Portionen hergaben. Für ein Gewand brauchten die Färber also Hunderte dieser Schnecken.
Neben der Purpurschnecke und der Indigopflanze kannten die Färber noch weitere Lieferanten, die ihnen die gewünschten Farbstoffe boten. Beispielsweise lässt sich roter Farbstoff auch aus gemahlenen Schildläusen herstellen. Diese Naturfarbe wurde bis vor wenigen Jahren als Lebensmittelfarbe verwendet, um rote Liköre und Gummibären einzufärben. Einen weiteren Farbstoff liefern die kleinen Safrankrokusse. Aus ihren Blüten lassen sich ein kostbares Gewürz und ein leuchtend gelbes Färbemittel gewinnen. Jede Blüte hat drei Fruchtblätter. Um ein Kilogramm der Fruchtblätter zu gewinnen, werden 80.000 bis 150.000 Blüten benötigt. Noch heute müssen die Blüten in Handarbeit gezupft werden. Deshalb ist Safran als Farbstoff so wertvoll. Ersatz bieten die Färberdiestel und Kurkuma.

Was ist Kunst?

Oft fragen wir uns, was ist Kunst? Was ist wirklich ein Kunstwerk? Schauen Sie doch mal in ein Lexikon und lesen Sie dort nach, was als Kunst beschrieben wird. Das Wort »Kunst« ist vom lateinischen Wort »ars« hergeleitet und bedeutet soviel wie »Geschicklichkeit oder Fertigkeit«. Kunst ist die Geschicklichkeit beim Verrichten spezialisierter Handlungen, wie die Kunst der Gartenarbeit oder des Schachspielens. »Kunst« in seiner breiten Bedeutung setzt sowohl Geschicklichkeit als auch kreative Vorstellungskraft in einem musikalischen, literarischen oder visuellen Zusammenhang voraus.

Wie dachten Künstler über ihr kreatives Schaffen?

Pablo Picasso (1881-1973) erklärte dazu wiederholt in hintergründiger Weise:

> »Sie erwarten von mir, dass ich Ihnen sage, dass ich Ihnen definiere, was Kunst ist? Wenn ich es wüsste, würde ich es für mich behalten.«

An anderer Stelle äußerte er sich folgendermaßen:

> »Wir alle wissen, dass Kunst nicht die Wahrheit ist. Kunst ist eine Lüge, die uns die Wahrheit begreifen lehrt, wenigstens die Wahrheit, die wir als Menschen begreifen können.«

Joseph Beuys (1921-1986) sah Kunst vor allem im Zusammenhang mit der menschlichen Existenz:

> »Das Kunstwerk ist das allergrößte Rätsel, aber der Mensch ist die Lösung.«

In sehr ähnlicher Weise äußerte sich auch Vincent van Gogh (1853-1890):

> »Ich kenne noch keine bessere Definition für das Wort Kunst als diese: Kunst, das ist der Mensch!«

Auf ein Missverständnis, das bis heute nachwirkt, verwies Rainer Maria Rilke (1875-1926):

> »Diese unglückselige Meinung, dass die Kunst sich erfülle in der Nachbildung, sei es nun der idealisierten oder möglichst getreuen Wiederholung, der Außenwelt, wird immer wieder wach.«

Einige Bemerkungen zur Geschichte der Kunst

Genau genommen gibt es »die Kunst« gar nicht. Es gibt nur Künstler. In diesem Sinne gibt es Künstler, seit es den Menschen gibt. In der frühen Menschheitsgeschichte nahmen die ersten Künstler farbigen Lehm und malten damit die Umrisse eines Büffels auf eine Höhlenwand. Heute kaufen die Künstler verschiedene Farben und entwerfen Plakate, um ein Produkt zu bewerben. Zwischen diesen beiden Extremen bewegen sich viele weitere Künstler. Natürlich können wir diese Tätigkeiten Kunst nennen. Allerdings sollten wir dabei niemals vergessen, dass Kunst in verschiedenen Ländern und zu verschiedenen Zeiten etwas ganz Verschiedenes bedeuten kann. Vor allem sollten wir bedenken, dass es »die Kunst« eigentlich gar nicht gibt. So schreibt Ernst H. Gombrich:

> »Kunst ist zu einer Art Götze geworden, und all das Nachdenken und Reden über das ›Wesen der Kunst‹ hat den Künstlern mehr geschadet als genützt.« (Die Geschichte der Kunst. Stuttgart/Zürich 1986)

Warum eine PeP-Mappe zum Thema Kunst?

Wir möchten, dass Sie mit einem Projekt zum Thema »Kunst« die Wahrnehmungsfähigkeit und das genaue Hinsehen der Kinder fördern. Außerdem soll den Kindern der Umgang mit Kunstwerken und die Auseinandersetzung mit Kunst vertraut werden. Damit möchten wir die Wertschätzung von Kunst fördern. Ziel ist es, dass ältere und neuere Bilder in das Bildergedächtnis der Kinder gelangen.
Aber auch die historisch bedingten Veränderungen von Bildern sollen den Kindern vermittelt werden. Was wäre gewesen, wenn Vincent van Gogh wie Hundertwasser oder Rizzi gemalt hätte? Was macht die Werke von Rizzi oder Gaudi so außergewöhnlich? Bei der Auseinandersetzung mit diesen und ähnlichen Fragen führen Sie die Kinder an die schwierige Frage heran, was Kunst eigentlich ist. Dabei fördern Sie zugleich den Wortschatz, die Ausdrucksfähigkeit sowie das Kommunikationsverhalten der Kinder.
Wenn Sie im Rahmen des Projekt-Themas »Farben und Kunst« außerdem immer wieder Möglichkeiten zum freiem bildnerischen Gestalten anbieten, lernen die Kinder im Umgang mit Farben, Papier, Ton, Holz, Draht, Gips und anderen Materialien das freie Experimentieren. Die Fähigkeit aus diesen Materialien etwas Neues und Originelles zu schaffen, fördert die Kreativität der Kinder. Beim gegenseitigen Betrachten und Bestaunen der Kunstwerke erfahren sie die Wertschätzung des individuellen Ausdrucks und erleben ein Miteinander, das von Einfühlungsvermögen und Toleranz geprägt ist.

Lands Art und die Sensibilisierung der Wahrnehmung

Lands Art ist die Bezeichnung für eine Kunstrichtung, die sich in den 70er Jahren vor allem in den USA entwickelte. Arbeitsfeld und Gegenstand der Künstler waren die den Menschen umgebenden Landschaften, die durch ihn verändert wurden. Dokumentiert sind die Projekte in zahlreichen Berichten, Aufzeichnungen, Fotos und Filmen, die in Galerien, Museen, Zeitschriften und im Fernsehen gezeigt werden.
Ein Nachteil dieser Kunstrichtung ist, dass der Betrachter die künstlerischen Eingriffe in die Natur nur selten selbst wahrnehmen und auf sich wirken lassen kann.

Andy Goldsworthy, geboren 1956 in Yorkshire, ist ein bedeutender Vertreter der Lands Art. In ausgedehnten, zumeist naturbelassenen Gebieten, unter anderem im Norden Kanadas, am Nordpol, in Japan, Australien, St. Louis, Missouri und Dumfriesshire, hat er riesige Materialmengen kunstvoll arrangiert. Zu seinen bekanntesten Werken zählen zum Beispiel die meterlangen Sandaufschüttungen, die Zöpfe aus geflochtenen Baumstämmen, die vielfältig inszenierte Löcher und Risse im Boden sowie Wasserspiegelungen.
Die Auswahl der Materialien, die Andy Goldsworthy verwendet, zeigt den Reichtum der Natur: Wasser, Reif, Eis, Schnee, Matsch, Erdboden, Sand, Staub, Felsen, Steine, Kiesel, Schiefer, Stämme,

Kreativitätsförderung durch freies experimentelles Gestalten

»Freies experimentelles Gestalten ist also ein unverzichtbarer Ansatzpunkt der Kreativitätsförderung. Zugunsten dieses freien Gestaltens können sämtliche Bastelanleitungen und -aktivitäten aufgegeben werden, denn sie machen für die Entwicklung der Kreativität keinen Sinn. Das gestalterische und auf abstrakten Ausdruck angelegte Experimentieren mit verschiedenen Materialien ist der Ausgangspunkt für kreative gestalterische Prozesse. Dazu bedarf es neben Farben, Pinseln, Papier, Klebstoff, Draht auch der Materialien wie Holz, Gips, Ton, Sand und Steine.« (Daniela Braun: Handbuch der Kreativitätsförderung. Theorie und Praxis für die Arbeit mit Kindern. Freiburg 1999)

Stöcke, Äste, Zweige, Ruten, Dornen, Halme, Stängel, Blätter, Blüten, Beeren, Treibholz und Flechten, Federn von Taube, Gans oder Reiher oder gar Kadaver ...
Ähnliches gilt für seine Arbeit mit den Farben, Formen und Strukturen, die die Natur uns bietet. Eine häufig auftretende Form ist der sich zunehmend verdichtende Kreis aus Blättern, Steinen, Löwenzahnblüten, Farnstängeln, Birkenzweigen sowie Sandkegel. Die Kreisform impliziert die ewige Bewegung, das Werden und Vergehen.
Wer sich von diesen Arbeiten angesprochen fühlt, wird Blätter und Zweige, Steine und Blüten, Wasser und Licht fortan als Materialien künstlerischer Prozesse sehen. Dem Betrachter möge es wie Goldsworthy ergehen. So erklärt der Künstler mit Blick auf den Betrachter, dass durch die ästhetische Auseinandersetzung mit der Natur das Verständnis für Natur ständig zunimmt und die Wahrnehmung sich sensibilisiert.

Nikki De Saint Phalle und ihre weltberühmten Nanas

Die amerikanische Plastikerin und Bildhauerin Niki de Saint Phalle war eine Weltbürgerin (1930-2002). Geboren bei Paris, aufgewachsen in New York, reiste sie viel durch Europa und lebte zuletzt in Kalifornien. Weltweit berühmt wurde die Künstlerin durch ihre Nanas. Die ersten Figuren stellte sie 1964 in Paris aus. Mit ihrer Parole »Alle Macht den Nanas« wurden ihre monströsen, poppig bemalten und provokanten Figuren zum Symbol für weibliches Selbstbewusstsein und Stärke.
Eine ihrer ersten großen Einzelausstellungen hatte Niki de Saint Phalle 1969 in Hannover. Nicht zuletzt aus diesem Grund übereignete sie dem Sprengel Museum der Stadt knapp 30 Jahre später 300 ihrer Werke. Im Jahre 2005 kaufte die Stadt Hannover drei Nanas und stellte sie direkt am Leineufer auf, wo sie zu einem der Wahrzeichen Hannovers geworden sind.
Ende der 70er Jahre begann Niki de Saint Phalle mit ihrem größten Projekt, dem Tarotgarten. In 15jähriger Zusammenarbeit mit dem Schweizer Metallbildhauer Jean Tinguely und vielen HelferInnen schuf sie ein Parkgelände mit Blick aufs Meer, einem stillgelegten Atomkraftwerk sowie mit begeh- und bewohnbaren Figuren aus dem Tarot, deren Oberflächen nach alter italienischer Handwerkstradition mit bunten Mosaiksteinen gestaltet sind. Seit 1996 ist der Garten eine große Touristenattraktion der Region.
Die farbenfrohen und überlebensgroßen Plastiken von Niki de Saint Phalle wirken nur auf den ersten Blick naiv und unbekümmert. Der aufmerksame Betrachter jedoch erkennt die gesellschaftskritischen Botschaften und visionären Hoffnungen, die diese Arbeiten vermitteln. Eindrucksvoll zeigen die dreidimensionalen Werke, wie sich unsere komplexe Wirklichkeit mit scheinbar einfachen Figuren abbilden und erklären lässt. Alles was es dafür braucht, sind alltägliche Materialien wie Gips, Wolle, Stoff, Metall, leuchtende Farben sowie Vertrauen in die eigene Vorstellungskraft und Kreativität.

Projektvorschlag

Haben Sie schon beobachtet, wie Kinder Farben wahrnehmen?
- Wie viel Freude bereitet es ihnen, wenn sie ihre eigene kleine Welt ausdrücken?
- Wie reagieren die Kinder, wenn sie mit Ihnen ein Museum oder eine Kunstausstellung besuchen?
- Wie betrachten die Kinder ihre eigenen Bilder?
- Sind sie fasziniert von der Welt der Farben und der Künstler?

Vielleicht werden Sie durch die Reaktionen und Äußerungen der Kinder angeregt, Themen wie Freundschaft und Gefühle mit einem Kunstprojekt zu vertiefen. Hauptsächlich erfährt ein Kind seine Welt durch das Sehen und den Tastsinn.
Auf Abbilder seiner Welt reagiert das Kind mit eigenen Abbildungen. Diese besondere Fähigkeit, mit Abbildung zu reagieren, zeichnet den Menschen aus. Überall auf der Welt benutzen Kinder diese Fähigkeit, um mit künstlerischer Kreativität die wahrgenommen Dinge abzubilden. Auf diese Weise findet eine Auseinandersetzung mit dem Geschehenen statt. Das Kind nimmt die einzelnen Bestandteile der Sinneswelt wahr und versucht zu klären, wie diese aufgebaut sind. Die dabei gewonnenen Erkenntnisse und Erfahrungen helfen ihm, sich in seiner Welt zurechtzufinden, so dass es mit der Zeit lernt, alles in einem größeren Zusammenhang zu sehen.

Zielsetzung

Bevor Sie sich für ein Projekt zum Thema »Farben und Künstler« entscheiden und mit den Planungen beginnen, sollten Sie Ihre Zielvorstellungen formulieren und schriftlich festhalten. Auf diese Weise haben Sie Ihre Ziele stets im Blick. Nutzen Sie die nachfolgend aufgeführten Zielsetzungen lediglich als Anregung für Ihr eigenes Projekt, denn sicherlich haben Sie noch weitere Ideen:

- Wahrnehmungsförderung und Sinnesförderung
- Entwicklung des Farbensinns
- Fantasie und Experimentierfreude
- Wissensvermittlung über Zusammenhänge bei der Entstehung von Farben
- Wissensvermittlung über Künstler und deren Arbeitstechniken
- Sprachförderung durch Vorlesen und Erzählen

Einstieg mit dem Team

Besprechen Sie innerhalb ihres Teams, wie bestimmte Farben und Künstler auf Sie wirken. Denken Sie dabei auch an Ihre eigenen Erlebnisse ein, die Sie als Kind mit Farben und Kunst gemacht haben. Bei dieser Auseinandersetzung können Sie folgenden Aspekten nachgehen:

- Haben Sie Lieblingsfarben?
- Was verbinden Sie mit diesen Farben?
- Kennen Sie Lieder und Gedichte über Farben?
- Was wissen Sie über die Farbenlehre?
- Haben Sie einen oder mehrere Lieblingskünstler?
- Mit welcher Art von Kunst können Sie nichts anfangen?
- Wie wurden Sie in Ihrer Kindheit an Kunst herangeführt?

Beziehen Sie ihre Erfahrungen in Ihre Planungen ein. Bevor Sie mit den Kindern in die Praxis gehen, sollten Sie bedenken, wie Farben und die von Ihnen ausgewählten Künstler auf die Kinder wirken könnten.

Einstieg mit den Kindern

Für den Einstieg in das Projekt bieten sich verschiedene Möglichkeiten. Die Betrachtung von farbigen Bildbänden fördert das genaue Hinsehen, die Interpretationsfähigkeit und die sprachliche Kompetenz der Kinder. Erleichtert wird die Annährung an das Projektthema auch mit dem Aufsagen und Mitspielen von Gedichten oder dem Singen von Liedern.
Eine weitere spielerische Herangehensweise bietet das alte Kinderspiel »Mein rechter, rechter Platz ist leer«. Führen Sie dieses Bewegungsspiel doch mal mit veränderten Regeln durch und wünschen Sie sich »... das Kind mit dem gelben Pullover her!«.

Einstieg mit den Eltern

Wie wäre es, wenn Sie die Eltern zu einem Elternabend einladen und Ihnen das Projekt erläutern? Zum Einstieg könnten Sie eine DVD über das Werk von Andy Goldworthy zeigen und danach gemeinsam der Frage nachgehen, was Kunst ist. Sollten Sie mit dem Projekt schon angefangen haben, machen Sie mit den Kindern eine kleine Ausstellung für die Eltern. Lassen Sie im Ausstellungsraum eine ruhige Hintergrundmusik laufen. Als Höhepunkt des Elternabends könnten Sie einen Videofilm vom Projekt vorführen.

Erfahrungsgemäß entwickeln sich nach solch einer Präsentation angeregte Gespräche mit und zwischen den Eltern.

Viel Spaß wünschen Ihnen und Ihren kleinen Künstlern

Petra Eggers
Gabriele Wensky

Kunst in der Natur entdecken

Gehen Sie mit den Kindern hinaus und entdecken Sie gemeinsam, welche Kunstwerke die Natur geschaffen hat und täglich immer wieder neu herbringt. Durch eigenes Erleben in und mit der Natur, erfahren und begreifen die Kinder die vielfältigen Materialien, Farben und Formen in ihrer unmittelbaren Umgebung. Dabei erfahren sie zugleich, dass ihre Lebenswelt auch immer eine Raum-Zeit-Dimension beinhaltet und insofern veränderlich ist. Ermöglichen Sie den Kindern, diese vielfältige Anregungen und Impulse nach eigenen Vorstellungen abzubilden oder vollkommen neu zu gestalten.

Malen mit und in der Natur

Die Natur bietet viele Materialien, die sehr gut färben. Überlegen Sie mit den Kindern, welche Materialien das wohl sind. Vielleicht wissen einige schon, dass Blaubeeren die Zähne und die Zunge blau färben. Fragen Sie doch mal nach, wer nach dem Spielen auf der Blumenwiese oder mit Lehm schon mal grüne, gelbe und braune Flecken auf der Hose hatte. Gehen Sie mit den Kindern hinaus in die Natur. Hier können die Kinder selbst ausprobieren, mit welchen Materialien sie welche Gegenstände bemalen können.

Färbesud aus der Natur

Sammeln Sie mit den Kindern Löwenzahnblüten oder Brennnesselblätter, um damit einen Färbesud herzustellen. Übergießen Sie die Blätter und Blüten mit etwas kochendem Wasser und lassen Sie diese 10 bis 15 Minuten ziehen. Den Färbesud geben Sie in kleine Schraubgläser. Zum Malen erhalten die Kinder Papier sowie Tücher oder Schwämmchen, die sie vorsichtig in die Gläser dippen.

Weiße Blütenblätter färben

Sie brauchen für diese Aufgabe:

- weiße Tulpen oder Margeriten
- rote und blaue Lebensmittelfarben
- frisches Leitungswasser
- Glasvasen oder hohe Gläser

So geht's: Geben Sie rote Lebensmittelfarbe in klares Leitungswasser. Stellen Sie dann eine weiße Blume in das gefärbte Wasser. Nach einiger Zeit können die Kinder beobachten, wie sich die Blüten der Blume rot verfärben. Wiederholen Sie das Experiment mit weiteren Lebensmittelfarben.

Variation: Stellen Sie zwei Glasvasen nebeneinander. In einer Vase ist das Wasser rot und in der anderen blau gefärbt. Teilen Sie den Stiel der Blume vorsichtig in zwei Hälften und stecken Sie je eine Hälfte in eine Vase. Vielleicht klappt es und sie erhalten eine zweifarbige Blüte.

Warum ist der Himmel blau?

Auf dem Weg zur Erde treffen die Lichtstrahlen der Sonne auf unendlich viele winzig kleine Teilchen, so genannte Moleküle. Bei diesem Zusammentreffen brechen die Lichtstrahlen und werden in die Umgebung gelenkt. So entsteht kurzwelliges und langwelliges Licht. Kurzwelliges Licht ist blau und wird von der Erde zurückgeworfen. Langwelliges Licht ist rot und wird zur Erde hingelenkt. So bleibt im Bereich des Himmels mehr blaues als rotes Licht übrig und der Himmel sieht blau aus.

Himmelblau im Wasserglas

Sie brauchen:

- 1 Glas
- Wasser
- ein paar Tropfen flüssige, weiße Farbe
- 1 Taschenlampe
- 1 Löffel

So geht's: Zunächst füllen die Kinder ein Glas mit Wasser. Dann leuchten sie mit der Taschenlampe auf das Glas. Was sehen sie? Nun geben sie ein paar Tropfen weiße Farbe in das Glas und leuchten mit der Taschenlampe darauf. Jetzt können die Kinder beobachten, wie die Flüssigkeit blau schimmert.

Regentropfen färben

Wir alle mögen lieber die Sonne als den Regen. Doch wenn es regnet und die Regentropfen an die Fensterscheibe prasseln, haben die Kinder bestimmt viel Spaß beim folgenden Spiel. Sie brauchen:

- verschiedene Wasserfarben
- dünne Pinsel
- 1 Stoppuhr
- 1 Zentimetermaß

So geht's: Beobachten Sie mit den Kindern, wie die Regentropfen an die Fensterscheibe prasseln und in langen Bahnen hinunterlaufen. Nach einiger Zeit wählen die Kinder zwei Regentropfen aus, die sich ungefähr auf gleicher Höhe befinden. Sie betupfen einen Tropfen mit gelber Farbe und den anderen Tropfen mit blauer Farbe. Mit einer Stoppuhr stoppen die Kinder die Zeit, die die farbigen Regentropfen für ihren Weg auf der Scheibe brauchen. Mit einem Zentimetermaß messen sie die Strecke nach. Dieses Spiel kann beliebig erweitert werden. Motivieren Sie die Kinder, sich weitere Ideen auszudenken. Was möchten sie noch entdecken? Wie wollen sie dabei vorgehen? Vielleicht ist das Gelb ja schneller als das Blau?

Kunst mit Steinen

Steine sind für Landartkunstwerke ein ideales Baumaterial und fast überall zu finden. Sammeln Sie mit den Kindern verschiedene Steine. Da Kinder immer sehr gerne Türme bauen, sollen sie damit einen möglichst hohen Turm bauen. Damit dies gelingt, muss er sehr stabil gebaut werden. Zum Verzieren ihres Kunstwerks sammeln die Kinder noch Gräser und Blumen, die sie in den Turm stecken.

Was ist Landartkunst?

In der Landartkunst kommen ausschließlich solche Naturmaterialien zum Einsatz, die der Künstler vor Ort vorfindet und sich dort auch künstlerisch verarbeiten lassen. Nach seiner Fertigstellung verbleibt das Kunstobjekt relativ ungeschützt am Ort seiner Entstehung. Je nach Jahreszeit, Witterungsbedingungen, Lichteinfall und Einwirkungen seitens der Tierwelt verändert sich das Kunstwerk im Laufe der Zeit. Insofern ist Landart eine Kunstform in der Natur und mit der Natur.

Hüttenzauber im Wald

Erinnern Sie sich noch daran, wie Sie als Kind voller Begeisterung Hütten im Wald gebaut haben? Denken Sie sich eine Geschichte über ein kleines Fabelwesen aus, das eine kleine Hütte braucht. Gemeinsam mit den Kindern werden Ideen und Architekturpläne für die Hütte entworfen. Äste sind das Grundgerüst für die Hütte. Vielleicht haben Sie ja sehr fantasievolle Kinder in Ihrer Gruppe, die auf die Idee kommen, die Hütte in einer Astgabel zu bauen. Dann muss die Hütte noch eingerichtet und von außen verkleidet werden. Dazu sammeln Sie mit den Kindern flächiges Material wie Moos oder Blätter. Besonders schön wird die Hütte, wenn Sie dieses Projekt im Herbst starten. Dann gibt uns die Natur die schönsten Farben und das Fabelwesen erhält ein buntes Haus.

Zaubertricks und Tarnfarben

Rote und grüne Gespenster

Die Kinder spielen Zauberer. Sie brauchen:

- 1 weißes Blatt Papier
- 1 roten Filzstift
- 1 Pinsel
- 1 Glas Wasser

So geht's: Sie malen ein rotes Gespenst auf ein weißes Blatt Papier und zeigen es einem Zuschauer. Dieser muss nun eine Minute lang konzentriert auf das Gespenst schauen. Dann blickt er an die weiße Decke oder an die weiße Wand. Wetten, dass das Gespenst jetzt grün ist?

Erklärung: Schaut das Auge mindestens 30 Sekunden auf eine rote Fläche und danach auf eine weiße Fläche, sieht es die Komplementärfarbe zu Rot, also Grün. Wissenschaftler vermuten, dass die Sinneszellen für langwelliges Licht ermüden und deshalb die Farbe Weiß nicht mehr interpretieren können.

Tipp

Wenn die Kinder die Farben nicht direkt auf dem Papier mischen wollen, können sie die gewünschten Farbtöne auf einem kleinen Teller anrühren.

Mach mehr aus drei

Finden Sie mit den Kindern herausfinden, welche Farben sich aus den drei Grundfarben Rot, Gelb und Blau mischen lassen. Sie brauchen:

- Pinsel
- Wasserbecher
- Malkittel
- rote, gelbe und blaue Wasserfarben
- weißes Malpapier

So geht's: Geben Sie jedem Kind einen Pinsel und ein Blatt weißes Papier sowie die Farben Rot, Gelb und Blau. Lassen Sie die Farben dick auftragen. Nun mischen die Kinder Gelb mit Rot, Gelb mit Blau und Blau mit Rot. So erhalten sie die Farben Orange, Grün und Violett. Das war der erste Teil des Experimentes. Sie können jetzt weitermachen und die gemischten Farben untereinander mischen – also Grün mit Violett oder Orange mit Grün. Die Kinder nehmen nun ihre selbst angerührten Farbtöne und mischen diese mit den drei Grundfarben weiter. Beispielsweise geben sie zum Orange noch etwas mehr Rot dazu. Die Kinder können so lange weitermachen, wie es ihnen Spaß macht. Auf diese Weise können sie selbst entdecken, aus welchen Farben andere Farben gemischt werden.

Farbenzauberei

Sie brauchen für jedes Kind:

- 2 gefüllte Wassergläser
- 1 leeres Wasserglas
- rote, gelbe und blaue Wasserfarben
- Pinsel

Stellen Sie die Wasserfarben, Gläser und Pinsel auf den Tisch. Lassen Sie die Kinder zunächst einmal raten, was sie damit machen können. Ein Bild können sie zwar nicht malen, aber sie werden mit den Farben zaubern und experimentieren.

So geht's: Jedes Kind nimmt sich zwei gefüllte Wassergläser und ein leeres Wasserglas. In einem Wasserglas rührt es mit dem Pinsel eine rote Flüssigkeit an. Es nimmt so viel Farbe, bis das Wasser schön rot ist. Im zweiten Wasserglas rührt es langsam blaue Farbe an, bis aus dem zarten Himmelblau ein schönes Tintenblau geworden ist.
Und nun wird gezaubert: In das leere Glas wird erst ein wenig rotes Wasser gefüllt und dann blaues Farbwasser dazugegeben. Simsalabim! Eine neue Farbe ist entstanden. Das Wasser sieht lila aus. Wenn jetzt noch mehr rotes Wasser dazugegeben wird, verändert sich das Lila wieder.
Und welche Farben zaubern die Kinder mit blauem und gelbem Farbwasser? Natürlich, grün! Aber das sollen sie selber herausfinden und die Farbenzauberei fortsetzen. Sie mischen Rot und Gelb, schütten Lila und Orange zusammen, dann Grün und Orange, dann ...

Bunte Tierwelt

Immer wieder fasziniert uns die Tierwelt mit ihren prächtigen Farben und Mustern. Dennoch sind viele Tiere gar nicht so leicht zu entdecken. Fragen Sie die Kinder, welche Tiere besonders bunt sind und welche nicht. Wissen sie auch, wo diese Tiere leben und warum sie mit so verschiedenen Farben ausgestattet sind? Notieren Sie alle Antworten und gehen Sie anschließend mit den Kindern in die Bücherei, um dort die geäußerten Vermutungen zu überprüfen.

Farbe als Tarnung und Lockmittel

In der Tierwelt haben Farben eine lebenswichtige Bedeutung. Diese Tarnung schützt die Tiere einerseits vor Feinden und bietet ihnen andererseits die Möglichkeit, sich bei der Nahrungssuche unerkannt ihrer Beute zu nähern. Während sich Eisbären, Schneeeulen und Schneehühner in ihrer weißen Umgebung nur schwer entdecken lassen, sind Gazellen und Löwen kaum vom Steppengras Afrikas zu unterscheiden. Das Chamäleon oder der Oktopus wiederum können in Sekundenschnelle ihre Farbe wechseln und sich so exakt ihrer Umgebung anpassen. Einige Korallenfische wechseln im Laufe ihrer Entwicklung mehrmals die Farben, um von älteren Fischen nicht als Nahrungskonkurrenten angesehen zu werden. Ein Wechsel der Farben signalisiert aber nicht nur Wut oder Angst, sondern auch Paarungsbereitschaft. Besonders wichtig für das Paarungsverhalten sind die Farben in der Vogelwelt, denn Vögel sind Augentiere. Die Männchen schmücken sich mit prachtvollen Gefiedern und stellen sich gekonnt zur Schau. Im Gegensatz zu ihren Artgenossen tragen die Weibchen oft Tarnfarben, da sie die überwiegende Zeit mit dem Brüten beschäftigt sind und nicht entdeckt werden wollen.

Experimente mit Tarnfarben

Sie brauchen für jedes Kind:

- Geschenkpapier mit bunten Streifen
- 1 Tuschkasten
- 1 kleinen Teller
- 1 Pinsel
- 1 Becher
- Wasser

So geht's: Suchen Sie mit den Kindern im Tuschkasten nach den Malfarben, die denen des Geschenkpapiers am ähnlichsten sind. Nun mischen die Kinder die Farben auf einem kleinen Teller so lange, bis die Mischungen den Farbtönen des Geschenkpapiers gleichen. Dann legen sie eine Hand auf das Geschenkpapier und tragen die Farbtöne streifig auf. Sie beginnen an den Fingerspitzen und ziehen den Pinsel weiter bis zum Handgelenk. So malen sie einen Streifen neben den anderen, bis ihr Handrücken völlig bemalt ist und die Hand kaum mehr vom Papier zu unterscheiden ist.

Tipp

Machen Sie Fotos von den Händen, um sie für eine künstlerische Dokumentation zu verwenden.

Farbenfrohe Kunstwerke

Malen mit Farbregen

Sie brauchen:

- Zeichenpapier
- 1 alte Zahnbürste
- 1 dünnmaschiges Sieb

So geht's: Bei dieser Spritztechnik mischen die Kinder zunächst wieder eigene Farben. Dann tauchen sie eine Zahnbürste in die Farbe und streichen sie anschließend über das Sieb, sodass die Farbe wie feiner Sprühregen auf das Papier fällt. Als Nächstes schneiden die Kinder verschiedene Schablonen nach eigener Fantasie aus. Diese legen sie auf das Papier und sprühen die Farbe über die Ränder. Sobald die Farbe trocken ist, können die Kinder die Schablone vorsichtig wieder vom Papier nehmen und ihr neu entstandenes Bild bewundern.

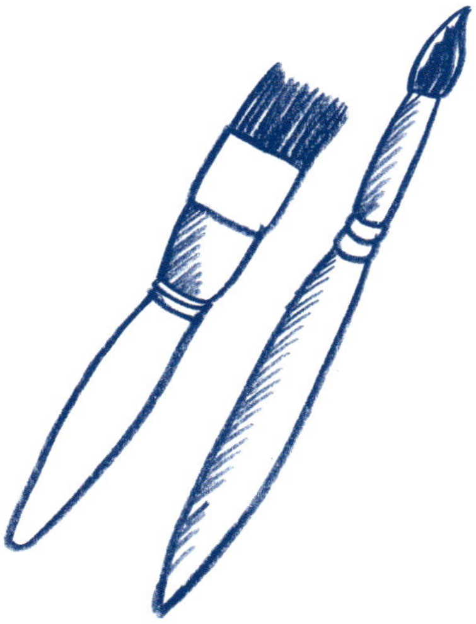

Farbenpalette

Sie brauchen:

- festes Malpapier
- gefüllte Wassergläser
- rote, gelbe und blaue Wasserfarben
- Teller zum Mischen der Farben
- dicke und dünne Pinsel
- Malkittel
- Schere
- Kleber

So geht's: Welche Farben passen gut zusammen? Am besten finden dies die Kinder selber heraus, denn jeder hat seinen eigenen Geschmack! Auch diesmal mischen die Kinder zunächst wieder eigene Wasserfarben. Auf ein großes Blatt Malpapier malen sie mit diesen Farben viele dicke und dünne Farblinien. Sobald die Farbe getrocknet ist, schneiden die Kinder die Linien aus und erhalten viele bunte Farbstreifen. Die bunten Streifen kleben sie nach ihren Vorstellungen auf ein neues Blatt Papier. Im Ergebnis erhalten sie ein neues, farbenprächtiges Bild.

Bunte Wolle filzen

Stellen Sie mit den Kindern kleine Filzbälle her. Da das Filzen den Kindern großen Spaß bereitet und natürlich viel Seifenwasser daneben geht, sollte die Aktion draußen stattfinden. Wenn Sie mit kleineren Kindern filzen, verwenden Sie am besten lauwarmes Wasser.
Zum Filzen brauchen Sie:

- gekämmte Wolle in verschiedenen Farben
- Schüssel mit lauwarmem oder heißem Wasser
- haut- und augenfreundliche Kernseife
- Tisch

So geht's: Übergießen Sie die Wolle mit heißem oder lauwarmem Wasser und reiben Sie die Wolle gut mit der Kernseife ein. Damit die Wolle schnell und dicht verfilzt, muss sie immer wieder kräftig gewalkt und gut geknetet werden. Alternativ können Sie die Wolle gleich mit Seifenlauge bearbeiten. Damit aus der filzigen Wolle eine Kugel entsteht, kneten die Kinder sie mit beiden Händen und drehen sie dabei ständig hin und her. Ist die Filzkugel groß genug, muss sie einige Zeit trocknen.

Variation: Arbeiten Sie mit den Kindern kleine Glöckchen in die Filzkugeln ein. Umwickeln Sie ein kleines Glöckchen mit Wolle, gießen Sie warme Seifenlauge darüber und reiben Sie die Wolle so lange, bis sie verfilzt ist. Wird die Filzkugel nach dem Trocknen gerollt oder geworfen, ertönt ein lustiges Klingeln.

Gefärbte Schmetterlinge

Gestalten Sie mit den Kindern aus runden Teefiltern kleine Schmetterlinge für ein Mobile. Sie brauchen dafür:

- runde Teefilter
- Wasserfarben
- Pinsel
- Nähnadel
- Nähgarn

So geht's: Die Kinder mischen die drei Grundfarben Rot, Gelb und Blau nach Belieben, sodass sie viele verschiedene Farbtöne erhalten. Dann tragen sie die Farbe mit dem Pinsel auf die runden Teefilter auf und lassen sie trocknen. Aus den gefärbten Teefiltern basteln die Kinder nun die Flügel. Jeder Filter wird einmal in der Mitte gefaltet. Für den Körper rollen die Kinder einen Filter zusammen. Zum Schluss werden die Flügel am Körper mit ein paar Nadelstichen festgenäht. Je nach Fantasie der Kinder erhalten die Schmetterlinge ein oder zwei Paar Flügel.

Farbkreis aus Stein

Sammeln Sie mit den Kindern verschieden große Kieselsteine, die sie mit allen Farbfamilien bemalen. Sie brauchen dafür:

- Acryl- oder Plakafarbe
- Pinsel
- Kieselsteine
- Wasserbehälter

So geht's: Zunächst säubern die Kinder alle Kieselsteine gründlich und lassen sie gut trocknen. Danach bemalen sie die einzelnen Steine. Um einen fließenden Farbrhythmus zu bekommen, nehmen sie für den ersten Stein gelbe Farbe. Für den zweiten Stein verwenden sie Orange und für die weiteren Steine verschiedene Rottöne von Zinnober- bis Magentarot. Danach folgen Violett, Blau, ein blaustichiges Grün und Gelbgrün. Damit der Farbkreis für die Kinder erlebbar und begreifbar wird, zeichnen Sie mit Kreide einen großen Kreis auf den Boden und legen darin mit den Kindern die bemalten Kieselsteine kreisförmig aus.

Farbfamilien

Farben, die zusammengehören, werden Farbfamilie genannt. Treffen nun alle Farbfamilien gleichzeitig zusammen, so hat jede Farbe ihren Platz. Am einfachsten ordnen wir die Farben kreisförmig von Gelb über Orange, Hochrot, Magentarot, Violett, Blauviolett, Cyanblau bis Grün und Gelbgrün.

Knete selbst herstellen

Modelliermasse lässt sich sehr gut selbst herstellen. Sie brauchen:

- Tapetenkleister
- Wasser
- Schüssel
- Sägemehl
- Holzleim
- Klarlack
- Wasserfarbe
- Pinsel

So geht's: Rühren Sie den Tapetenkleister mit so viel Wasser an, bis ein dicker Brei entsteht. Als Bindemittel geben Sie in den Kleister feines Sägemehl und etwas Holzleim. Aus dieser klebrigen Sägemehlmasse können die Kinder nun verschiedene kleine Tierfiguren, Fantasiegestalten oder sogar ihr eigenes Puppengeschirr formen. Nach dem Trocknen dürfen die Kinder ihre Kunstwerke nach Belieben verzieren, ehe sie diese zum Schluss mit einer schützenden Klarlackschicht versiegeln.

Batikmuster selbst gemacht

Die Frage nach einem geeigneten Geschenk führt vor jedem Geburtstags-, Abschieds- und Einschulungsfest immer wieder zu langen Diskussionen. Vielleicht bekommen Sie dabei ja Lust, mit den Kindern bunte Batik-T-Shirts nach eigenen Ideen zu gestalten. Sie brauchen für jedes Kind:

- 1 weißes T-Shirt aus reiner Baumwolle
- Batikfarben
- 1 Küchenwaage
- 1 Esslöffel Salz
- etwas Tafelessig
- dünne Paketschnur
- 1 paar Gummihandschuhe
- 1 großen Plastiklöffel
- 3 Liter kochendes Wasser
- 1 großen Plastikeimer (5 Liter)
- 1 Schere
- 1 Waschbecken

So geht's: Jedes Kind bindet sein T-Shirt an den Stellen mit Paketschnur ab, an denen es weiß bleiben soll. Wichtig ist hierbei, dass die Knoten fest gezogen werden. Dann wiegt jedes Kind sein T-Shirt und notiert mit Ihrer Hilfe das Gewicht. Auf der Packungsbeilage der Batikfarbe können Sie nun nachlesen, wie viel Farbpulver die Kinder für ihre Stoffmenge brauchen. Achten Sie darauf, dass das Pulver richtig dosiert wird. Nehmen die Kinder zu viel Farbpulver, kann das Gewebe rau und hart werden. Nehmen sie zu wenig Farbpulver, erhalten sie nicht den gewünschten Farbton. Da das Farbpulver nicht in Kontakt mit der Haut kommen sollte, ziehen die Kinder zum Schutz ihrer Hände Gummihandschuhe an. Nun geben sie die erforderliche Menge Farbpulver zusammen mit Salz und Essig in ihre Plastikeimer. Ist alles gut verrührt, geben Sie kochendes Wasser dazu. Unter Ihrer Aufsicht darf jedes Kind seine heiße Farbbrühe so lange mit dem Löffel verrühren, bis ein gleichmäßiger Färbesud entstanden ist. Dann werden die T-Shirts mit etwas Wasser befeuchtet und vorsichtig in die Eimer gelegt. Der Stoff sollte vollständig mit der Farblösung bedeckt sein. Jedes Kind überwacht seinen Färbeprozess und taucht sein T-Shirt immer wieder mit dem Löffel in das farbige Wasser. Das T-Shirt sollte etwa 30 Minuten in dem Farbbad bleiben. Danach wird die Farblösung vorsichtig in ein Waschbecken gegossen und das T-Shirt zum Abtropfen aufgehängt. Nach dem Trocknen dürfen die Kinder die Schnüre lösen und ihre Kunstwerke begutachten. Die T-Shirts haben nun Muster aus unregelmäßigen Kreisen.

Pflegeanleitung

Damit die Farben erhalten bleiben und nicht abfärben, sollte das T-Shirt nicht in der Waschmaschine und nicht mit anderen Kleidungsstücken zusammen gewaschen werden. Am besten wird es mit einem Feinwaschmittel von Hand gewaschen.

Unterwegs im Farbenland

Gelb-rot-blau-Rap

Mathilda F. Hohberger, Jule Ehlers-Juhle: »Klangfarben & Farbtöne«.
ISBN 3-936286-70-1, 2. Auflage, Jahrgang 2005, Ökotopia Verlag, Münster.

1. Gabi Gelb ist mein Name,
ich bin so gelb wie 'ne Banane.
Im gelben Land, in dem ich wohne,
ist alles so gelb wie 'ne Zitrone:

Sonnenblumen überall,
die Sonne scheint als großer Ball.
Nachts, wenn hier die Sterne winken,
tausend gelbe Lichter blinken.

Refrain
Gelb kann man riechen, hören oder seh'n.
Das werdet ihr auch bald versteh'n.
Kommt mit mir ins *gelbe* Land,
und da erlebt ihr allerhand!

2. Ja, ich bin Rita Rot.
Bei mir gibt's Rot im Angebot!
Rot, wohin dein Auge blickt.
Rot, solang dein Herz noch tickt.

Rote Rosen und Tomaten
gibt es hier in jedem Garten.
Ob Feuerrot oder Kamin,
es rauscht in deinen Adern drin!

Refrain
Rot kann man riechen, hören oder seh'n ...

3. Hey, ich bin der coole Bruno Blau,
der Coolste von allen, das weiß ich ganz genau:
Kühl wie das Meer und kühl wie Gletschereis!
Komm mit ins blaue Land, dann siehst du den Beweis.

Refrain
Blau kann man riechen, hören oder seh'n ...

Refrain alle:
Uns kann man riechen, hören oder seh'n.
Das werdet ihr auch bald versteh'n.
Kommt mit uns ins Farbenland,
denn da erlebt ihr allerhand!

Spielangebot: Fragen Sie die Kinder, ob sie alle Dinge kennen, die in diesem Lied vorkommen. Stellen Sie möglichst viele der genannten Dinge zusammen, damit die Kinder diese – wie im Refrain besungen – riechen, hören oder betrachten können.

Wenn ich eine Farbe wäre

Nachdem die Kinder den Farbenrap gesungen und den Farbenkreis kennen gelernt haben, werden sie beim folgenden Spiel begeistert mitmachen und eine Erdbeere, ein Frosch, ein Marienkäfer oder eine Blume sein. Legen Sie einen großen Farbenkreis auf dem Boden aus. Darum herum bilden die Kinder einen großen Kreis. Nun stellen sich alle Kinder der Reihe nach vor. Nacheinander macht jedes Kind einen Schritt in die Mitte und sagt laut: »Ich heiße Gabi und wäre ich eine Farbe, dann wäre ich grün wie ein Frosch.« Danach setzt es sich zu seiner Farbe auf den Boden.

Spannende Farbenspiele

Ich sehe was, was du nicht siehst!

Dieses Ratespiel ist schon sehr alt. Dennoch gerät es immer wieder in Vergessenheit. Besonders gut eignet es sich zum Zeitvertreib, um mit den Kindern mehr oder minder lange Wartezeiten zu überbrücken. Ein Kind beginnt das Ratespiel, indem es einen Gegenstand aussucht, den alle sehen können. Dann sagt es: »Ich sehe was, was du nicht siehst und das ist rot!«. Die anderen Kinder müssen nun raten, welcher rote Gegenstand gemeint ist. Wer den Gegenstand als Erstes erraten hat, darf die nächste Runde beginnen.

Stille Farbenpost

Alle Kinder sitzen im Kreis. Ein Kind sucht sich eine Farbe aus und flüstert diese seinem rechten Nachbarn ins Ohr. Auf diese Weise wird die Farbe reihum von Kind zu Kind weitergeflüstert. Das letzte Kind der Runde sucht einen Gegenstand in oder mit der genannten Farbe und legt diesen in die Kreismitte. Haben die Kinder die Farbe richtig weitergegeben? Wenn nicht, sagen die Kinder nacheinander laut die Farbe, die sie gehört haben. Diesmal läuft die Flüsterpost allerdings rückwärts und das letzte Kind beginnt.

Variation: Können die Kinder die Farben noch nicht sicher nennen, ist ein Farbkreis sehr hilfreich. Fertigen Sie für jede Farbe einen Papierstreifen an und legen Sie alle Streifen kreisförmig in die Mitte. Am Schluss einer Flüsterrunde zeigt das letzte Kind auf die ihm zugeflüsterte Farbe.

Bewegte Farben

Malen Sie einen Kreis auf den Boden. Sobald Sie eine Farbe nennen, läuft jedes Kind los, sucht einen Gegenstand mit oder in der genannten Farbe und legt ihn schnell in den Kreis.

Variation: Nennen Sie eine Farbe und eine bestimmte Gangart, in der sich alle Kinder bewegen müssen. Nun suchen sie schleichend, hüpfend oder springend nach einem passenden Gegenstand.

Mein rechter Platz ist frei

Stellen Sie mit den Kindern verschiedene Farbkarten her und hängen Sie jedem Kind eine um den Hals. Ältere Kinder können sich ihre Farbe vielleicht schon merken. Danach suchen sich alle Kinder einen Platz im Stuhlkreis. Da es einen Stuhl mehr als es Kinder gibt, bleibt der rechte Platz neben einem Kind frei. Nun beginnt dieses Kind das Spiel und sagt: »Mein rechter, rechter Platz ist leer, ich wünsche mir ein Gelb hierher.« Daraufhin setzt sich das Kind mit der gelben Farbkarte auf den freien Stuhl. Haben mehrere Kinder eine gelbe Farbkarte, erhält das Kind den freien Platz, das als Erstes darauf sitzt.

Was ist blau?

Für dieses Spiel bilden Sie mit den Kindern einen Sitzkreis auf dem Boden. Rollen Sie einem Kind einen Ball zu und fragen Sie dabei: »Was ist blau?« Nun muss das gefragte Kind einen blauen Gegenstand nennen. Erst dann darf es den Ball zum nächsten Kind weiterrollen und nach einer anderen Farbe fragen.

Alle Farben fliegen hoch!

Die Kinder sitzen um einen Tisch und klopfen mit beiden Zeigefingern auf die Tischplatte. Nach einiger Zeit strecken Sie beide Arme in die Höhe und rufen dabei laut: »Rot, rot, rot ist die Tomate!«. Da Ihre Aussage richtig ist, müssen auch alle Kinder ihre Arme in die Höhe strecken. Anschließend klopfen alle weiter auf die Tischplatte. Nach einiger Zeit strecken Sie abermals beide Arme in die Höhe und rufen diesmal: »Grün, grün, grün ist der Himmel!«. Da diese Aussage falsch ist, dürfen die Kinder ihre Arme nicht in die Höhe strecken. Wer nicht aufgepasst hat, scheidet aus. Das Spiel wird so oft wiederholt, bis nur noch ein Kind übrig bleibt oder die Kinder das Interesse verlieren.

Wer hat grüne Augen?

Dieses Spiel eignet sich sowohl für drinnen wie für draußen. In der Mitte des Spielfeldes liegt eine Decke auf dem Boden. Dort sitzen Sie mit einer Handtrommel und geben einen Rhythmus vor, zu dem sich alle Kinder nach ihren Vorstellungen über das Spielfeld bewegen. Nach einiger Zeit stoppen Sie das Trommelspiel und rufen: »Alle Kinder mit blauen Augen kommen in die Mitte!«. Haben die aufgerufenen Kinder auf Ihrer Decke Platz genommen, trommeln Sie weiter. Beim nächsten Stopp rufen Sie alle Kinder mit braunen Haaren. Das Spiel ist zu Ende, wenn alle Kinder bei Ihnen auf der Decke sitzen.

Variation 1: Erhöhen Sie den Schwierigkeitsgrad des Spiels nach einigen Runden. Rufen Sie die Kinder paarweise zu sich auf die Decke. Beispielsweise müssen sich ein Kind mit blauen Augen und ein zweites Kind mit braunen Haaren finden. Das Paar fasst sich an den Händen und nimmt Platz.

Variation 2: Um das Spiel noch spannender zu gestalten, dürfen bei jeder Runde nur Kinder mit einem bestimmten Farbmerkmal im Kreis bleiben oder in den Kreis kommen. Wer schon im Kreis ist und die gewünschte Farbe nicht vorweisen kann, muss zurück auf das Spielfeld.

Fest der Farben und der Künstler

Theater der Farben und Künstler

Organisieren Sie mit den Kindern ein Theaterstück, das die Sonne, das Feuer, den Regen, die Bäume und die Wolken lebendig werden lässt. Jedes Kind übernimmt eine Rolle und stellt diese mit Bewegung, Mimik, Geräuschen und farbigen Kostümen dar. Sie können die Darstellungen mit Instrumenten oder Sprechgesängen unterstreichen. Erzählen Sie zur Einleitung folgende Geschichte:

Die Sonne, der Wald

Stellt euch vor, ihr befindet euch in einem wunderschönen Wald. Große und kleine Bäume stehen dich beieinander. Leise zieht der Wind durch den Wald und bringt ihre Blätter sanft zum Schwingen. Die Sonne sieht von oben herab und freut sich. Da entdeckt die Sonne einige Kinder im Wald. Auch sie sehen, wie sich die Bäume im Wind tanzen. Sie beginnen sich wie die Bäume im Wind hin und her zu wiegen, bis sie auf eine Lichtung gelangen. Dort steht eine kleine Schutzhütte. Vor der Hütte gibt es einen Grillplatz mit einer gesicherten Feuerstelle. Darin liegt sogar noch etwas Holz. Hier wollen sich die Kinder ein wenig ausruhen und mit Hilfe der Sonne ein kleines Feuer entfachen. Die Sonne freut sich, dass sie den Kindern helfen kann. Sie erhitzt das Holz mit aller Kraft, bis ein kleines Feuer entsteht. Nun fehlt nur noch etwas Wind. Der lässt sich nicht zwei Mal bitten. Vorsichtig bläst er ins Feuer, bis die Flammen höher werden und kleine Funken im Wind tanzen. Auch die Kinder tanzen um das Feuer herum. Vor lauter Freude hätten sie beinahe gar nicht bemerkt, dass die Sonne von immer mehr dunklen Wolken verdeckt wird. Sicher gibt es bald Regen. Schnell gehen die Kinder in die Hütte. Da schütten die Wolken auch schon ihre Wassertropfen über dem Wald und dem Feuer aus. Sofort erlischt das Feuer. Nach kurzer Zeit ziehen die Wolken weiter und die Sonne kommt wieder hervor. Nun machen sich die Kinder auf den Rückweg.

Kostüm des Feuers

Sie brauchen für ein Feuerkostüm:

- 1 Rolle rotes Krepppapier
- 1 Rolle orangefarbenes Krepppapier
- gelbe Servietten
- roten Karton
- Bast
- Tacker und Schere

So geht's: Rollen Sie das rote Krepppapier aus und legen Sie das orangefarbene Krepppapier darüber. Falten Sie die beiden Papierbahnen in der Mitte, sodass sie nur noch halb so lang sind und das rote Papier außen liegt. Die zusammengefalteten Papierbahnen sollten dem Kind von der Schulter bis zum Knöchel reichen und mit einem Tacker zusammengeheftet werden. An der Faltkante wird eine Öffnung eingeschnitten, damit das Kind sein Kostüm bequem über den Kopf ziehen kann. In das untere Ende vom roten Papier schneiden Sie wilde Flammen. Beginnen Sie mit großen Flammen, die nach oben hin immer kleiner werden. Mit dem Krepppapier lässt es sich wunderbar arbeiten. Sie können es formen und dehnen. Das orangefarbene Papier wird nur am Saum mit kleinen Flammen versehen. Sie sollten das Papier so schneiden, dass es keinen Papierabfall gibt. Ziehen Sie die gelben Servietten auseinander und verteilen Sie diese unregelmäßig auf dem roten Krepppapier, damit sie wie kleine Funken aussehen. Tackern Sie das Kostüm an den Seiten zusammen und lassen Sie genügend Freiraum für die Armlöcher. Basteln Sie aus rotem Karton eine Krone. Die Spitzen der Kronenzacken werden mit roten und orangefarbenen Krepppapierstreifen verziert. Als Hals-, Arm- und Beinschmuck erhalten die Kinder rote, gelbe und orangefarbene Papierflammen, die mit einem Tacker auf einem Stück Bast geheftet werden.

Kostüm der Sonne

Sie brauchen für ein Sonnenkostüm:

- 1 Rolle weißes Krepppapier
- 1 Rolle zitronengelbes Krepppapier
- 1 Rolle gelbes Krepppapier
- gelben Karton
- Bast
- Tacker und Schere

So geht's: Dieses Kostüm wird in ähnlicher Weise wie das Feuerkostüm hergestellt. Das Sonnenkostüm besteht aus mehreren Lagen Krepppapier, die unterschiedlich lang sind. Die oberste Lage ist gelb. Die darunter liegenden Lagen sind zitronengelb, weiß und wieder gelb. Für die Sonnenstrahlen werden alle Papierlagen vom Saum bis zur Hüfte in Streifen geschnitten. Der Armschmuck ist bei diesem Kostüm sehr wichtig, denn die Sonne zeigt ihre schönsten Sonnenstrahlen, wenn sie ihre Arme ausbreitet.

Kostüm der Wolken

Sie brauchen für ein Wolkenkostüm:

- 1 Rolle hellblaues Krepppapier
- 1 Rolle violettblaues Krepppapier
- blauen Karton
- rosa Servietten
- Bast
- Tacker und Schere

So geht's: Dieses Kostüm wird in ähnlicher Weise wie das Feuerkostüm hergestellt. Die violette Lage bildet das Unterkleid und die hellblaue Lage das Oberkleid. Die Lagen erhalten diesmal einen rund geformten Saum und werden in breite, schlangenlinienförmige Streifen geschnitten. Für die Wölkchen heften Sie kleine rosa Serviettenpapierchen auf hellblauen Karton. Als Kopfbedeckung erhält jede Wolke einen Hut aus blauem Karton, der mit Krepppapier umwickelt wird. Die Arme der Wolken schmücken Stulpen. Für jede Armstulpe wird ein Streifen violettblaues Papier zu einer Blüte gedreht und am Kelch mit einem Armbändchen aus Bast versehen.

Kostüm des Baumes

Sie brauchen für ein Baumkostüm:

- 1 Rolle gelbgrünes Krepppapier
- 1 Rolle dunkelgrünes Krepppapier
- braune Servietten
- Bast
- Tacker und Schere

So geht's: Dieses Kostüm besteht aus einem Kleid sowie aus Blätterkränzen für den Kopf-, Arm- und Beinschmuck. Es wird in ähnlicher Weise wie das Feuerkostüm hergestellt, wobei die Streifen diesmal blattförmig geschnitten werden müssen. Als Unterkleid dient das dunkelgrüne Krepppapier. Für die Blätterkränze rollen Sie zunächst die braunen Servietten zu Stöckchen, die Sie mit gelbgrünen Papierblättern versehen. Heften Sie Papierblätter an ein Stück Bast und formen Sie daraus einen Kranz.

Kunterbuntes Büfett

Wie schmecken Farben?

Haben Sie schon mal mit verbundenen Augen ein Stück Obst oder Gemüse probiert und sofort erraten, was Sie gerade essen? Wiederholen Sie dieses sinnliche Ratespiel mit den Kindern. Schneiden Sie folgende Obst- und Gemüsesorten in mundgerechte Stückchen und füllen Sie diese in kleine Schälchen:

- Erdbeeren
- Kiwis
- Bananen
- Äpfel
- Birnen
- Kirschen
- Orangen
- Mohrrüben
- Tomaten
- Zitronen
- Kartoffeln
- Zwiebeln

So geht's: Die Kinder bilden Paare. Von jedem Paar nimmt eines der Kinder mit verbundenen oder geschlossenen Augen im Stuhlkreis Platz. Die anderen Kinder nehmen sich je ein Obst- oder Gemüseschälchen und stecken ihrem sitzenden Partnerkind ein Stückchen in den Mund. Na, welches Kind errät, was es gerade isst und welche Farbe es hat? Nach mehreren Probierrunden tauschen die Kinder ihre Rollen.

Sonnengelbe Honigmelone

Schmecken Sie die Sonne. Sie brauchen dafür:

- 1 Honigmelone
- 1 Messer
- 1 Brettchen
- 1 großen Teller
- gelbes Krepppapier

So geht's: Teilen Sie eine reife Honigmelone in 16 gleich große Schiffchen. Die Kinder legen die Schiffchen im Kreis auf einen Teller. Für die Dekoration formen sie aus Krepppapier eine Blüte und legen diese in die Mitte.

Blutrotes Herz

Götterspeise kommt bei jedem Fest gut an. Sie brauchen:

- rote Götterspeise
- Erdbeeren
- Wasser
- Schneebesen
- Schüssel

So geht's: Bereiten Sie mit den Kindern die Götterspeise gemäß der Packungsanleitung zu. Damit die Masse etwas fester wird, sollten Sie etwas weniger Wasser als angegeben nehmen. Gießen Sie die fertige Götterspeise zum Abkühlen in eine Herzform. Ist die Götterspeise fest genug, stürzen die Kinder das rote Herz auf einen Teller und garnieren es mit frischen Erdbeerhälften.

Bunte Farbenwelt

Unser Sonnenlicht enthält die Farben Gelb, Orange, Rot, Grün, Blau und Violett. Lichtstrahlen sind Schwingungen, winzig kleine Wellen. Die Wellenlänge kann sehr unterschiedlich sein. Je nach Länge der Wellen nehmen unsere Augen das Licht in einer bestimmten Farbe wahr. Fällt zum Beispiel ein weißer Lichtstrahl auf Rot, wird nur der rote Teil des Lichts zurückgeworfen. Die anderen Farben des Lichts werden verschluckt. Dieser Vorgang wird »subtraktive Farbmischung« genannt. Wenn sich farbige Lichtstrahlen überlagern und auf diese Weise zu einer neuen Farbe vermischen, wird dies als »additive Farbmischung« bezeichnet.

Die Welt ist bunt! Warum?

Für das folgende Experiment brauchen Sie:

- 1 Taschenlampe
- gelbes, rotes und blaues Transparentpapier
- 1 weißes Papier
- Klebestreifen
- 1 Grünpflanze mit möglichst dicken Blättern
- 1 Stuhl

So geht's: Als Erstes befestigen Sie ein Stück weißes Papier an der Rückenlehne eines Stuhls. Verdunkeln Sie den Raum. Schalten Sie die Taschenlampe an und halten Sie sie so, dass der Lichtstrahl genau auf das weiße Papier trifft. Halten Sie jetzt das gelbe und blaue Transparentpapier direkt vor die Taschenlampe. Achten Sie darauf, dass sich das Papier nicht erhitzt und entzündet. Nun können die Kinder beobachten, wie das weiße Papier grün wird. Warum? Durch das gelbe und blaue Transparentpapier überlagern und vermischen sich die Lichtstrahlen wie Malfarben. Wiederholen Sie dieses Experiment mit anderen Farbkombinationen.

Farbmischungen

In der Farbenlehre wird zwischen additiven und subtraktiven Farbmischungen unterschieden. Bei der additiven Mischung dienen Spektralfarben, bei der subtraktiven Mischung pigmentierte Farben als Basis.

Additive Farbmischung:
Bei diesem Verfahren werden die Spektralfarben Rot, Grün und Blau (RGB) gemischt. Das Auge nimmt gleichzeitig oder in schneller Folge so viele Strahlungen wahr, dass sich durch Addition der einzelnen Farben ein Farbreiz entwickelt. Aus dieser Mischung entstehen alle anderen Farben. Diese Technik wird unter anderem bei Fernsehgeräten und Bildschirmen genutzt.

Subtraktive Farbmischung:
Als Grundlage bei diesem Verfahren dienen die pigmentierten Farben Cyan, Magenta, Gelb (Yellow) und Schwarz (Key) (CMYK). Je mehr Farben gemischt werden, desto geringer wird das Lichtspektrum und somit die Leuchtkraft. Das Ergebnis der gemischten Farben wird also dunkler. Die subtraktive Farbmischung kommt in der Farbfotografie und beim Druck zum Einsatz.

Der Blinde Fleck

Wussten Sie, dass unser Auge manchmal Dinge »verschwinden« lassen kann? Probieren Sie es mal gemeinsam mit den Kindern aus. Für diesen Versuch brauchen Sie:

- 1 Blatt weißes Papier
- 1 blauer Stift
- 1 Lineal

So geht's: Die Kinder malen in die Mitte des Papiers einen Punkt. Links daneben malen sie im Abstand von 5 Zentimetern einen kleinen Strich und legen das Blatt auf einen Tisch. Dann stellt sich ein Kind nach dem anderen einzeln vor diese Versuchsanordnung. Zunächst hält jedes Kind das linke Auge mit der linken Hand zu und schaut mit dem rechten Auge auf den Strich. Dann geht das Kind mit seinem Kopf ganz langsam näher an das Blatt heran. Dabei achtet es besonders auf den Punkt, während es weiterhin konzentriert auf den Strich schaut! Doch was ist das? Was ist mit dem Punkt geschehen? Er scheint auf einmal zu verschwinden. Aber halt, plötzlich ist er ja wieder da!

Variation 1: Die Kinder sehen mit beiden Augen auf das Blatt. Bei diesem Versuch fällt der Blinde Fleck nicht auf, weil das andere Auge ihn sehen kann.

Variation 2: In mehreren Versuchen malen die Kinder den Punkt immer etwas größer. Wie groß muss er sein, damit er völlig verschwindet?

Tipp

Manchmal gelingt den Kindern dieses Experiment nicht beim ersten Mal. Ermutigen Sie die Kinder zum Weitermachen und erklären Sie ihnen, dass auch viele berühmte Forscher mehrere Versuche für ihre Entdeckungen durchführen mussten. Wichtig bei diesem Experiment ist, dass sich die Kinder wirklich sehr langsam dem Blatt nähern.

Erklärung

Beim Sehen gelangen Lichtstrahlen ins Auge und dort auf die Netzhaut. Unsere Netzhaut ist eine Art Leinwand (wie im Kino), auf der sich viele Sinneszellen befinden. Sie erkennen das Licht und geben diese Informationen an das Gehirn weiter. Das Gehirn wiederum bestimmt, was wir sehen. Dort, wo die Sinneszellen mit dem Gehirn verbunden sind, befindet sich der Sehnerv. Weil es an dieser Stelle keine Sinneszellen gibt, sind wir hier blind. In dem Moment, wo unser Auge den Punkt nicht mehr sieht, hat er unseren Sehnerv getroffen und ist für uns nicht mehr sichtbar.

Kalligrafie ist eine schöne Kunst

Kalligrafie kommt aus dem Griechischen. Es ist die Bezeichnung für die Schönschreibkunst. Hierbei steht nicht der Informationszweck der Schrift im Vordergrund, sondern die Verwendung der Schrift nach ästhetischen Prinzipien. Vor allem in China, Japan und Indien gilt Kalligrafie als eine der Malerei ebenbürtige Kunstform.

Kalligrafie auf der Spur

Gehen Sie mit den Kindern ins Stadtarchiv und lassen Sie sich dort alte Urkunden zeigen. Die Kinder werden feststellen, dass die Urkunden schön bunt und sehr kunstvoll gestaltet sind. Aber können sie die Schrift auch lesen? Bestimmt wird der Archivar gerne erklären, welche Urkunde zu welchem Anlass geschrieben wurde und wer die Unterzeichner waren.

Heilige Schriften

In vielen Museen und Klöstern können die Besucher besonders wertvolle Bibelausgaben bestaunen. So war es bis zur Einführung moderner Drucktechniken üblich, die Heiligen Schriften in kunstvoller Schönschrift zu vervielfältigen. Da in der Vergangenheit fast ausschließlich Mönche lesen und schreiben konnten und diese Schönschreibkunst viel Ruhe und Zeit erforderte, entstanden die schönsten Bibelausgaben in unseren Klöstern. Vergleichen Sie mit den Kindern alte und neue Bibelausgaben. Welches Exemplar spricht die Kinder mehr an? Warum?

Was ist Kalligrafie?

Gehen Sie mit den Kindern in die örtliche Bibliothek, um dort Bücher über Kalligraphie auszuleihen. Kopieren Sie einige Seiten, damit die Kinder diese Buchstaben nachzeichnen können. So bekommen sie ein Gefühl dafür, wie schwierig es ist, schön zu schreiben. Schönschreibkunst erfordert viel Konzentration, Geduld und Übung.

Schreiben mit Pinsel und Tusche

Sie brauchen:

- Tusche
- Pinsel
- Papier

So geht's: Jedes Kind überlegt sich, wie es seinen Namen besonders schön schreiben könnte. Wichtig ist hierbei nicht die Lesbarkeit, sondern allein die kunstvolle Gestaltung der einzelnen Buchstaben. Wer möchte, darf seinen Namen mit einem Schmuckrahmen verzieren.

Experimente mit Aquarellfarben

Haben Sie schon einmal mit Aquarellfarben gearbeitet? Das Faszinierende an diesen Farben ist, dass sie verschwimmen können und dadurch wunderbare Effekte hervorbringen. Außerdem lassen sich mehrere Aquarellfarben so übereinander malen, dass die einzelnen Farbtöne durchscheinen. Für diesen Effekt sorgen die Pigmente in den Aquarellfarben. Sie bleiben beim Auftragen auf Papier an der Oberfläche haften, während die anderen Bestandteile wie Binde- und Lösungsmittel vollständig in das Papier eindringen. Dies hat zur Folge, dass die Pigmente nicht durch andere Bestandteile überdeckt werden und so in unterschiedlichen Farbtönen leuchten können.

Wie Farben verschwimmen

Sie brauchen für jedes Kind:

- verschiedene Aquarellfarben
- 1 Teller zum Mischen der Farben
- feste Pinsel
- Malpapier für Aquarellfarben
- Papierstreifen zum Testen der Farbtöne
- 1 weichen Bleistift
- 1 Wasserbecher
- Wasser
- Klebestreifen
- Küchenpapier
- 1 Malkittel

So geht's: Als Motiv für den ersten Malversuch eignen sich bunte Blumen besonders gut. Das Malpapier wird mit Klebestreifen auf einer ebenen Unterlage befestigt. Mit einem weichen Bleistift malen die Kinder das Blumenmotiv vor. Dann nehmen sie einen Pinsel, bestreichen das Papier mit etwas Wasser und lassen es kurz einziehen. Als Nächstes mischen sie die gewünschten Farbtöne auf einem kleinen Teller an. Nach diesen Vorbereitungen können sie mit ihrem Gemälde beginnen. Als Erstes malen sie mit den helleren Farben. Dabei sollten sie weiße Flecken aussparen. Dies gibt schöne Lichteffekte. Sind die hellen Farben trocken, werden nach und nach die dunkleren Farben aufgetragen. Möchten die Kinder, dass helle und dunkle Farbtöne ineinander verlaufen, tragen sie auf die feuchte Farbschicht eine dunklere auf. Ist das fertige Bild vollständig getrocknet, können die sichtbaren Bleistiftstriche vorsichtig wegradiert werden.

Malen wie die großen Künstler

Malen ohne Stift oder Pinsel

Malen ohne Stift oder Pinsel? Das ist bestimmt ein Zaubertrick! Falsch, das Malen ohne Stift oder Pinsel ist eine ganz simple Technik. Erinnern Sie sich an Ihre Kindergarten- und Schulzeit? Bestimmt kennen Sie diese Maltechnik unter dem Namen Spritztechnik. Was aber fällt den Kindern ein, wenn sie ein Bild ohne Pinsel und Stift malen sollen? Stellen Sie ihnen für dieses Experiment folgende Materialien zur Verfügung:

- 1 Tuschkasten
- 1 Becher Wasser
- weißes Malpapier
- 1 alte Zahnbürste
- Zeitungspapier als Unterlage
- Malkittel
- gepresste Blumen und Blätter

So geht's: Die Kinder ziehen die Malkittel an und decken die Tische mit reichlich Zeitungspapier ab. Nach diesen Vorbereitungen erhält jedes Kind ein weißes Blatt Malpapier, eine alte Zahnbürste und gepresste Pflanzen. Diese werden auf dem Blatt verteilt. Nun werden die Farben mit viel Wasser angerührt. Die Farbe sollte flüssig sein, aber nicht tropfen. Dann tauchen die Kinder ihre Zahnbürsten in eine Farbe, halten sie über die Pflanzen und streichen so mit dem Finger über die Zahnbürste, dass die Farbe über das ganze Papier spritzt. Am schönsten wird das Bild, wenn die Kinder verschiedene Farben verwenden.
Bei dieser Maltechnik sollten die Kinder darauf achten, dass sie an den Rändern der Pflanzen genügend Farbe auftragen. Sobald die Farbe vollständig getrocknet ist, entfernen sie die Blumen und Blätter.

Tipp

Vorteilhaft bei dieser Spritztechnik ist, dass die Kinder mit vielen verschiedenen Hilfsmitteln arbeiten können. Für die Motive haben sie die Wahl zwischen selbst hergestellten Schablonen, abwaschbaren Gebrauchsgegenständen und selbst gesammelten Naturmaterialien.

Staffelei selbst gebaut

Jedes Kind möchte gern einmal wie ein berühmter Künstler an einer großen Staffelei stehen und ein kunstvolles Gemälde malen. Erfüllen Sie den Kindern diesen Wunsch! Der Vorteil beim Malen an der Staffelei ist, dass die Kinder ihre Kreativität im Stehen wesentlich stärker als im Sitzen ausleben können. Eine Staffelei können die Kinder in Ihrer Einrichtung auch mit wenigen Mitteln selbst bauen. Sie brauchen:

- 1 Holzbock, etwa 75 Zentimeter Höhe
- 1 Sperrholzplatte, 60 x 85 Zentimeter
- 1 Blumenkasten, etwa 90 Zentimeter Länge
- Klarlack
- Nägel mit flachen Köpfen
- Hammer

So geht's: Der Blumenkasten wird an den vorderen Beinen des Holzbocks mit Nägeln befestigt – in etwa 50 Zentimeter Höhe. Danach wird die Sperrholzplatte so auf dem Holzbock angebracht, dass sie etwa 2 Zentimeter in den Blumenkasten hineinragt. Nachdem die Kinder die Platte festgenagelt haben, lackieren sie diese und lassen sie trocknen. Zum Schluss befestigen sie auf der Zeichenplatte einen großen Bogen Malpapier mit Reißzwecken oder Klebestreifen und stellen im Blumenkasten einige Becher mit Farbstiften, Kreiden, Pinseln sowie Wasserbecher bereit. Der Blumenkasten ist nicht nur eine nützliche Halterung für die Malutensilien, sondern eignet sich auch zum Auffangen eventuell herabtropfender Farbe.

Malen mit Pastellkreide

Mit Pastellkreide können die Kinder kunstvolle Effekte erzielen. Sie brauchen dafür:

- verschiedene Pastellkreiden
- Aquarellfarben
- Pinsel
- farbiges Aquarell-, Ton- oder Pastellpapier
- Wasser
- Wattestäbchen
- Malkittel
- Haarspray

So geht's: Zeichnen Sie mit einem weichen Bleistift ein Schmetterlingsmotiv auf dem Papier vor. Drücken Sie nicht zu fest auf, damit Sie die Bleistiftstriche später wegradieren können. Die Umrisse des Schmetterlings malen die Kinder mit Pastellkreide nach. Zum Ausmalen der Zwischenräume verwenden sie Aquarellfarbe. Besonders schöne Effekte erreichen die Kinder, wenn sie einige Zwischenräume unbearbeitet lassen. Um interessante Farbtöne zu erhalten, verwischen sie die Pastellkreiden mit einem Wattestäbchen, so dass sich die Farbpigmente miteinander vermischen. Wenn das Bild fertig ausgemalt ist, werden lose Pastellkreidebrösel durch gezieltes Pusten entfernt. Damit die Pastellkreide auf dem Papier haften bleibt, besprühen Sie das Bild mit Haarspray.

Modellieren mit Papiermaschee

Materialien wie Knete, Ton und Papiermaschee regen die Kinder zu einer der förderlichsten Tätigkeiten an: Sie motivieren zum Kneten und Formen. Das kreative Arbeiten mit verschiedenen Modelliermaterialien fördert die Feinmotorik und ein differenziertes Raumgefühl. Beim Gestalten mit Papiermaschee werden die Kinder sich zunehmend dreidimensionaler Formen und Muster sowie der Wirkung der Schwerkraft bewusst. Ziel ist es hierbei nicht, einen Gegenstand handwerklich exakt herzustellen, sondern ein materialgerechtes Formgefühl zu entwickeln, das die Spontaneität und Kreativität der Kinder anregt und fördert.

Papiermaschee

Der Begriff Papiermaschee stammt aus dem Französischen (pappmaché) und bedeutet »zerkautes Papier« oder Papierbrei. Dieses breiige Material eignet sich sehr gut als Modelliermasse und wird auch als Bildhauerpapier bezeichnet.

Papierbrei oder Papierstreifen?

Da verschiedene Arbeitsweisen für das Gestalten mit Papiermaschee möglich sind, sollten Sie sich vorab für eine Methode entscheiden. Dabei sollten Sie bedenken, ob die Kinder mit oder ohne Stützform arbeiten sollen:

1. Modellieren mit Papierbrei: ohne Stützform
2. Modellieren mit Papierstreifen: Stützform erforderlich

Pappmaschee selbst herstellen

Beim Herstellen der Modelliermasse erweitern die Kinder ihr Wissen über Mengen, Verhältnisse und Maße. Sie entwickeln begriffliche Vorstellungen von den Unterschieden beim Abmessen von festen und flüssigen Zutaten. Die Verwendung von alten Zeitungen und Pappen zeigt den Kindern, wie bereits verarbeitete Materialien wiederverwertet und in den Zustand einer ungeformten Masse geführt werden können. Aus dem vorher noch leichten Altpapier wird ein schwerer, feuchter Brei, aus dem sich neue plastische Figuren gestalten lassen.

Tipp

Stellen Sie den Papierbrei erst unmittelbar vor Gebrauch her. Der angerührte Brei lässt sich in einem luftdichten Behälter nur wenige Tage aufbewahren und muss kühl gelagert werden!

Papierbrei herstellen

Für die Herstellung von Papierbrei brauchen die Kinder:

- altes Zeitungspapier
- leere Pappkartons, Pappschachteln, Papprollen, Grau- oder Wellpappen
- Tapetenkleister
- feines Sägemehl, Kreidepulver oder Holzleim
- bunte Dispersions- oder Pulverfarben
- Wasser
- Fünf-Liter-Plastikeimer
- Küchenmixer mit Schneidemesser oder Pürierstab
- Geschirrtücher
- Esslöffel
- Küchensieb und dazu passende Schüssel

So geht's: Am besten wird der Papierbrei zubereitet, indem Papier und Pappe in möglichst kleine Stückchen gerissen – nicht geschnitten – werden. Das Reißen hat den Vorteil, dass die Papierfasern zerstört werden. So werden die Papierstückchen saugfähiger und lösen sich leichter auf.
Um etwa 600 Gramm Modelliermasse zu erhalten, füllen die Kinder einen Fünf-Liter-Eimer bis zur Hälfte mit den Schnipseln. Anschließend wird der Eimer bis zum Rand mit kochendem Wasser aufgefüllt. Damit sich die Papierfasern auflösen, muss das Papier-Wasser-Gemisch einige Stunden durchweichen. Danach geben die Kinder etwa eine Handvoll der eingeweichten Papierschnipsel in einen elektronischen Küchenmixer und verdünnen die Masse mit einem halben Liter Wasser. Dieses Mengenverhältnis sollte eingehalten werden, damit sich das Schneidemesser des Gerätes leicht drehen kann und nicht blockiert. Das Material wird so lange zerkleinert, bis ein faseriger Brei entstanden ist.
Als Nächstes entziehen die Kinder diesem Papierbrei das Wasser. Sie legen ein feinmaschiges Tuch in das Sieb, das sie wiederum in eine Schüssel oder auf einen Eimer stellen. Damit das Wasser gut abtropfen kann, wird jeweils nur eine kleine Portion Papierbrei in das Tuch gegeben. Tropft kein Wasser mehr aus dem Brei, wird das Tuch so fest wie möglich ausgewrungen. Übrig bleibt ein »Papierknödel«, der sich in einer Schüssel zerbröseln lässt und somit noch nicht gebrauchsfertig ist.
Damit der Papierbrei nicht zerfällt, mischen die Kinder Kleister als Bindemittel unter die Masse. Für eine Portion geben sie in einen halben Liter kaltes Wasser drei Esslöffel Tapetenkleister und rühren das Gemisch mit einem Schneebesen zu einer glatten Masse. Der Kleister muss zehn Minuten quellen und dann noch einmal durchgeschlagen werden. Pro Papierknödel geben die Kinder 15 Esslöffel Kleister dazu und kneten ihn so lange, bis er sich zu einer glatten Kugel formen lässt und kaum mehr feucht ist.
Um den Objekten mehr Festigkeit zu verleihen, können dem Papierbrei vier Esslöffel Sägemehl, Kreidepulver, Spachtelpulver oder Holzleim als Füllstoff beigemischt werden. Durch Zugabe von Pulver- oder Dispersionsfarbe erhält der graue Papierbrei Farbe.

Kleister lagern

Überschüssigen Kleister in einen verschließbaren Behälter geben und im Kühlschrank lagern. So bleibt er mehrere Wochen haltbar und kann später verwendet werden. Ansonsten den überschüssigen Kleister in Zeitungspapier wickeln und wegwerfen. Er darf nicht in den Abfluss geschüttet werden – Verstopfungsgefahr!

Modellieren

Sie brauchen dafür:

- gebrauchsfertigen Papierbrei
- Plastikfolie oder Kunststofftischdecke
- Arbeitskittel

So geht's: Mit dem Papierbrei können die Kinder nun Masken, kleine Figuren, Köpfe für Handpuppen, Perlen und Anhänger für Ketten und Armbänder formen. Sie können auch Gegenstände umkleiden, denn er haftet auf fast allen Materialien.

Bevor die Kinder mit der Arbeit beginnen, werden die Arbeitsflächen mit einer Plastikfolie abgedeckt. Außerdem erhält jedes Kind einen Arbeitskittel.

Beim Modellieren arbeiten die Kinder nur mit ihren Händen. Spezielle Werkzeuge sind nicht erforderlich. Dekorative Details und Ornamente zur Verzierung lassen sich ebenfalls aus dem Papierbrei formen und werden an den gewünschten Stellen durch Andrücken befestigt.

Trocknen

Bevor das modellierte Objekt weiterverarbeitet werden kann, muss es sehr gut trocknen. Nur so erhält es ausreichende Festigkeit. Die Trockendauer richtet sich nach Dicke und Größe der Modelle. Wenn die Werke in der Sonne oder vor einer Heizung aufgestellt werden, sind sie nach etwa einer Woche gut durchgetrocknet. Um den Trocknungsprozess auf acht bis zehn Stunden zu verkürzen, können kleinere Objekte auf einen Backrost gestellt und bei 50 Grad Celsius im Backofen getrocknet werden. Damit die Feuchtigkeit aus der Backröhre entweichen kann, sollte die Klappe des Ofens leicht geöffnet bleiben. Flache Objekte sollten mehrfach gewendet werden, damit sie sich nicht verziehen.

Weitere Gestaltung

Nach dem Trocknen bearbeiten die Kinder ihre Objekte weiter. Sie brauchen dafür:

- weiße Dispersionsfarbe oder weißes Papier
- Spachtelmasse
- Holzfeilen
- Schleifpapier
- Scheren
- Pinsel

So geht's: Zunächst glätten die Kinder kleine Unebenheiten mit Schleifpapier oder einer Holzfeile. Mögliche Risse oder Vertiefungen füllen sie mit etwas Spachtelmasse auf. Bei Bedarf können die getrockneten Objekte auch gebohrt und gesägt werden.

Schlussbemalung und Verzierung

Sie brauchen dafür:

- weiße Dispersionsfarbe oder weißes Papier
- Plaka- oder Wasserfarben
- Scheren
- Pinsel

So geht's: Für die Schlussbemalung brauchen die getrockneten Objekte zunächst eine Grundierung, um die poröse Oberfläche zu kaschieren und einen gleichmäßigen Grund zu erhalten. Die Kinder bestreichen ihre Modelle mit weißer Dispersionsfarbe oder bekleben sie mit einer Schicht weißer Papierschnipsel. Nach dem Trocknen der Grundierung können die Objekte mit Plaka- oder Wasserfarben bemalt oder mit klein gerissenen Geschenk-, Transparent- oder Buntpapierschnipseln beklebt werden.

Schutz und Konservierung

Sie brauchen:

- Klarlack oder Capaplex (Elefantenhaut)
- Pinsel

So geht's: Ist die Schlussbemalung gut getrocknet, versiegeln die Kinder ihr Kunstwerk mit farblosem Lack. Diese Konservierungsmethode schützt vor Schmutz und Feuchtigkeit. Außerdem bringt sie die Farben noch besser zur Geltung.

Tipp

Haben die Kinder dem Papierbrei schon bei der Herstellung die gewünschte Farbe beigemischt, brauchen die Modelle keine Schlussbemalung mehr. In diesem Fall können die Kinder ihre Modelle gleich nach den Ausbesserungsarbeiten mit einer Lackschicht versiegeln.

Figuren aus Papierstreifen

Dreidimensionale Gegenstände lassen sich auch aus Papierstreifen fertigen, die mit Kleister eingestrichen und in mehreren Lagen leicht überlappend aufgeklebt werden. Bei dieser Technik ist allerdings immer eine Stützform erforderlich.

Stützformen mit glatter Oberfläche

Häufig dient ein aufgeblasener Luftballon als Modellier- und Stützform. Doch auch andere Formen, die eine glatte und Feuchtigkeit abweisende Oberfläche haben, sind für diesen Zweck geeignet. Als Stützform können Sie für diese Modelliertechnik unter anderem Pfannen, Töpfe, Rührschüsseln, Auflaufformen oder Plastikflaschen verwenden. Damit die Stützform später entfernt werden kann und nicht an der Papierbeschichtung kleben bleibt, muss die Oberfläche mit Öl, Vaseline oder etwas Spülmittel bestrichen werden.

Stützformen aus Papier und Pappe

Sie können mit den Kindern auch eigene Stützformen bauen. Geeignet sind unter anderem Pappkerne von Toiletten- und Küchenrollen, zusammengeknülltes Zeitungspapier und alte Styroporverpackungen. Die Einzelteile solch einer Stützform werden zunächst in die gewünschte Form gebracht, dann mit Kreppband zusammengebunden und mit Alufolie umwickelt.

Modellieren

Sie brauchen:

- Papierstreifen
- Stützform
- Kleister
- Wasser
- Pinsel

So geht's: Die präparierte Stützform belegen die Kinder mit einer Lage Papierstreifen, die sie zuvor mit Wasser angefeuchtet haben. Diese erste Papierlage bildet den Untergrund und muss die gesamte Grundform lückenlos bedecken. Erst die folgenden Papierschichten werden vor dem Auflegen mit Kleister bestrichen und gut angedrückt. Damit das Objekt genügend Stabilität hat, sollte es drei bis fünf Millimeter dick sein und dann gut trocknen.
Besteht die Stützform aus zusammengeknülltem Papier oder Drahtgewebe, so verbleibt sie als »Skelett« im Objekt. In diesem Fall wird auch die erste Lage Papierstreifen in Kleister getaucht und aufgeklebt, damit sie sich dauerhaft mit der Grundform verbindet.

Zusatzelemente

Sie brauchen:

- Papierstreifen
- stabile Pappe
- Kleister
- Pinsel

So geht's: Größere und abstehende Teile wie Ohren, Flügel oder Hörner bringen die Kinder erst an, nachdem die Grundform mit zwei Papierschichten umklebt wurde. Am besten eignet sich für große Zusatzelemente stabile Pappe. Bei der Gestaltung ist dabei zu beachten, dass diese einen Klebefalz erhalten. Damit die Kinder das Element mit einem Klebestreifen an der Grundfigur befestigen können, kerben sie den Falz in der Mitte ein, knicken eine Seite nach vorne und die andere nach hinten. Die angesetzten Teile dürfen nicht zu feucht sein, damit sie genügend Stabilität haben und nicht einknicken – eventuell müssen sie während der Trocknungsphase mit einem Glas oder einer Schachtel abgestützt und immer wieder aufgerichtet werden. Sind alle Zusatzelemente angebracht, kleiden die Kinder das Gesamtobjekt mit weiteren Papierschichten ein.

Entfernen der Stützform

Sie brauchen:

- stumpfe Messer
- Papierstreifen
- Kleister
- Pinsel

So geht's: Nach dem Trocknen wird das Gesamtobjekt mit einem stumpfen Messer angehoben und vorsichtig von der Stützform gelöst. Damit auch die unterste Papierschicht gut austrocknen kann, muss das Modell noch einen Tag trocknen. Danach schneiden die Kinder überstehende Papierreste ab und umkleben den ausgefransten Rand mit weiteren Papierstreifen.

Weiterverarbeitung

Sie brauchen:

- Papierstreifen
- Kleister
- Klarlack
- Pinsel

So geht's: Um kleine Details wie Nase, Lippen, Augenbrauen oder Ornamente anzubringen, tauchen die Kinder Papierstreifen in Kleister, bringen sie in die gewünschte Form und drücken sie an der gewünschten Stelle des Objekts fest. Danach muss das Modell nochmals gut trocknen, bevor es bemalt und schließlich mit Klarlack versiegelt werden kann.

Tiere aus Draht und Papier

Die Freude an der kreativen Arbeit mit Papiermaschee entwickelt sich aus den einzelnen Phasen, in denen das Kunstwerk langsam wächst. Als praktisches Beispiel werden die einzelnen Phasen und Arbeitsabläufe des Projektes schrittweise erläutert.

Bauplan anfertigen

Bevor die Kinder mit der handwerklichen Arbeit beginnen, überlegen sie sich genau, welche Figur sie gestalten und wie sie diese bauen möchten. Diese Vorgehensweise fördert die Fähigkeit, eine dreidimensionale Plastik nach einem vorherigen Entwurf zu gestalten. Zunächst fertigen die Kinder eine Zeichnung ihrer Figur im Maßstab 1:1 an. Um den späteren Bau nicht zu komplizieren, sollte die Skizze aus einfachen Formen bestehen. Die fertigen Entwürfe werden an der Wand befestigt. Sie dienen später als Orientierungshilfe und Bauplan. Beim Arbeiten werden so die Koordination zwischen Auge und Hand und die visuell-motorische Wahrnehmung verbessert.

Grundformen aus Draht bauen

Sie brauchen:

- Maschen- oder Hasendraht (gibt es als Rolle im Baumarkt)
- Zeitungspapier
- Kreppband
- Kneifzange oder Drahtschere
- Arbeitshandschuhe
- Flachzange
- Messer

So geht's: Beim Bau der Grundform müssen Arbeitshandschuhe getragen werden! Zunächst wird ein Stück Hasendraht in gewünschter Größe mit einer Kneifzange abgeknipst. Damit das Abschneiden leichter geht, werden die Maschen in der Mitte durchtrennt – also nicht dort, wo sie miteinander verbunden sind. Die scharfen Drahtenden werden mit der Flachzange nach innen gebogen. Anschließend formen die Kinder aus dem Hasendraht eine Röhre, wobei die Drahtmaschen an den Schnittkanten miteinander verhakt werden, und gestalten daraus ihre Figur. Die röhrenförmige Grundform wird an der Stelle zusammengedrückt, an der der Figurenhals sitzen soll. Für den Kopf und den Bauch befüllen die Kinder die beiden Öffnungen der Röhre mit Papier, das sie vorher zu einer festen Kugel geformt und mit Kreppband umwickelt haben. Anschließend biegen sie den Draht über dem Kopf und unter dem Bauch zusammen. Zum Schluss formen die Kinder aus Zeitungspapier die Arme und Beine, umwickeln sie mit Kreppband, stecken sie in die Drahtmaschen und befestigen sie mit Kreppband. Fertig ist das Stützgerüst!

Auftragen der Papierschichten

Sie brauchen:

- Zeitungspapier und eventuell Packpapier
- alte Telefonbücher
- Packpapier
- Lineal
- Wasser
- Kleister
- Eimer
- Schneebesen

So geht's: Damit die Figur stabil wird, muss sie mit mindestens fünf Schichten Papier umkleistert werden. Bei großen Objekten lohnt sich die Arbeit mit Packpapier, da mit Zeitungspapier viel mehr Lagen geklebt werden müssten. Um gleichmäßig große Papierstückchen zu erhalten, falten die Kinder mehrere Lagen Papier und legen es so über ein Lineal, dass sie es damit an der Falzkante entlang zerreißen können. Die Größe der Schnipsel richtet sich nach dem zu beklebenden Objekt – ideal sind etwa 5 x 10 Zentimeter große Schnipsel. Möchten die Kinder rundliche Figuren gestalten, brauchen sie kleinere Schnipsel, damit sie eine glatte Oberfläche erhalten. Für Objekte mit faltiger oder strukturierter Oberfläche brauchen sie größere Papierschnipsel. Haben die Kinder genügend Papierschnipsel vorbereitet, rühren sie den Kleister gemäß der Gebrauchsanweisung auf der Verpackung an. Dann streichen sie beide Seiten der Papierschnipsel mit Kleister ein und lassen sie zunächst etwas einweichen. Das Einweichen empfiehlt sich insbesondere beim Umkleben mit Packpapier. Die Papierstückchen werden so aufgeklebt, dass sie sich leicht überlappen und die Figurenform wie eine Haut umhüllen. Nachdem die Kinder ihre Stützform mit der ersten Papierschicht beklebt haben, streichen sie die Oberfläche mit den Fingern glatt, um alle Luftblasen und Kleisterreste zu entfernen. Damit sich die einzelnen Schichten gleichmäßig auftragen lassen, sollten die Kinder mit verschiedenen Papiersorten arbeiten. Für die erste Schicht verwenden sie Zeitungs- oder Packpapier, für die zweite Schicht Papier aus einem alten Telefonbuch und für die dritte Schicht wieder stärkeres Papier. Zum Schluss erhalten die Figuren eine weiße Papierschicht als Untergrund für die Weiterverarbeitung.

Weitere Gestaltung

Die Figuren benötigen etwa eine Woche, bis sie bei Raumtemperatur völlig durchgetrocknet sind. Dann werden sie von den Kindern mit bunten Plaka- und Wasserfarben, viel Fantasie und Ausdauer bemalt. Zum Schluss bestreichen die Kinder ihre Figuren noch mit Klarlack, um ihre Werke dauerhaft zu schützen und die Farben zum Glänzen zu bringen.

Wir sprechen über Kunst

Kinder haben besonderen Spaß daran, mit Wörtern zu experimentieren. Dabei werden die verschiedensten Wortfindungen erprobt. Unterstützen Sie das Interesse der Kinder an diesem Umgang mit Sprache.

Zungenbrecher erfinden

Sprechen sie mit den Kindern Zungenbrecher. Das schult einerseits die Sprachkompetenz der Kinder und regt zugleich ihre Fantasie an. Entwickeln Sie mit den Kindern eigene farbliche Zungenbrecher und beginnen Sie zur Einstimmung mit folgenden Beispielen:

- Violett steht dir recht nett. Recht nett steht dir violett.
- Blaukraut bleibt Blaukraut und Brautkleid bleibt Brautkleid.
- Bäcker Braun backt braune Brezeln. Braune Brezeln backt Bäcker Braun.
- Braune Bürstenborsten bürsten besser.
- Es grünt so grün, wenn Spaniens Blüten blühen.

Porträts beschreiben

Schauen Sie sich mit den Kindern Bilder von Künstlern an, die besonders für ihre Porträtzeichnungen bekannt sind. Ein berühmter Künstler auf diesem Gebiet ist beispielsweise Pablo Picasso.
Worauf achten die Kinder, wenn sie sich eine Porträtzeichnung ansehen? Lassen Sie sich alle Details genau erklären. Die Kinder werden feststellen, dass dies gar nicht so einfach ist.

Selbstporträt in Worten

Haben die Kinder schon einmal ihr Gesicht genau beschrieben? Die Kinder setzen sich zunächst vor den Spiegel und betrachten ihr eigenes Gesicht ganz genau an. Nach einiger Zeit kommen alle Kinder im Sitzkreis zusammen. Nacheinander erzählt jedes Kind, was in seinem Gesicht einzigartig und unverwechselbar ist. Fällt einigen Kindern kein besonderes Merkmal ein, können Sie ihnen mit beispielsweise mit folgenden Fragen helfen:

- Form und Farbe der Augen
- Länge derWimpern
- Sommersprossen
- Form der Nase
- Form der Stirn
- Form der Lippen
- Grübchen

Porträts zeichnen und erklären

Nachdem sich die Kinder intensiv mit ihrem eigenen Gesicht auseinandergesetzt haben, können sie es bestimmt auch zeichnen. Sie brauchen dafür:

- Spiegel
- weißes Zeichenpapier
- Farbstifte oder Wasserfarben

So geht's: Jedes Kind malt sein Gesicht nach seinen Vorstellen. Danach kommen alle Kinder zusammen und erklären der Gruppe, was ihnen bei ihrem Bild besonders wichtig ist und warum sie ihr Gesicht so gemalt haben.
Nun finden sich jeweils zwei Kinder zusammen. Eines der Kinder sitzt Modell, während das andere sein Porträt malt. Achten Sie dabei darauf, dass die Künstler jeden Pinselstrick kommentieren und genau begründen, warum sie welche Farben benutzen. Ist das Porträt fertig, tauschen die Kinder die Plätze.

Kunstwerke beschreiben

Schauen Sie sich Kunstwerke von Hundertwasser oder auch Gaudi auf Bildern an und fragen Sie die Kinder, was ihnen an den Werken dieser beiden Künstler besonders auffällt. Bestimmt entdecken sie, dass die Kunstwerke beider Künstler sehr farbenfroh sind. Bei Hundertwasser kommen auch noch besondere Effekte hinzu. Wie gefallen den Kindern die Formen oder die Goldprägung?

Beim Anblick der Werke von Hundertwasser werden die Kinder vermutlich folgende Bemerkungen machen:

- Die Farben sind besonders leuchtend.
- Die Farben sind sehr kräftig.
- Das Bild zeigt große Kreise.
- Die Spiralen haben kein Ende.

Dies sind nur einige Möglichkeiten, um dieser Kunstwerke zu beschreiben. Sicher sind die Kinder sehr gute Beobachter und können noch wesentlich mehr Besonderheiten benennen.

Spiralwörter suchen

Haben Sie mit den Kindern vielleicht sogar schon mal das eine oder andere Bild oder Gebäude von Hundertwasser betrachtet, werden Sie darin immer wieder Spiralen entdecken.

Hundertwasser sah in der Spirale ein Symbol des Lebens. Zumeist malte er eine Spirale, die sich vom Zentrum des Bildes zum Rand entwickelt. Zu dieser Spirale malte er eine zweite Spirale in der Komplementärfarbe, die sich von außen nach innen windet.

Betrachten Sie mit den Kindern ein Kunstwerk, in dem viele verschiedene Spiralen zu sehen sind. Suchen Sie mit den Kindern nach Begriffen, Umschreibungen und Vergleichen, um die verschiedenen Sprialen zu beschreiben.

- spiralförmig
- spiralig
- Spirale
- muschelförmig
- Schneckenhaus

Spiralen ganzheitlich erfahren

Um eine Spirale ganzheitlich erfahren zu können, bilden die Kinder gemeinsam eine Spirale. Dabei stellen sich alle Kinder in einer Reihe auf und fassen sich an den Händen. Das erste Kind beginnt sich vorwärts zu bewegen, alle anderen Kinder folgen, so dass nach und nach eine Spirale entsteht.

Wenn alle Kinder gemeinsam eine Spirale gebildet haben, beginnt das Kind in der Mitte langsam die Spirale zu lösen. Es geht von der Mitte aus los und öffnet somit als Erstes die Spirale.

Spirale

Spirale kommt aus dem Griechischen »speia« und bedeutet Gewinde. Die Spirale windet sich also immer wieder aufs Neue.

Farben klangvoll beschreiben

Wir sind die Farben

Mathilda F. Hohberger, Jule Ehlers-Juhle: »Klangfarben & Farbtöne«. ISBN 3-936286-70-1, 2. Auflage, Jahrgang 2005, Ökotopia Verlag, Münster.

1. Ich bin die Gelbe,
bin wie der Sonnenschein,
ich leuchte blendend
weit in die Welt hinein.
Ich bin das Licht der Nacht,
der Stern am Himmelszelt.
Le-le-le, le-le-le, le-le-le, le-le-le.

2. Ich bin die Rote,
bin wie ein Feuerwerk,
ich bin wie ein Vulkan:
spucke Flammen aus dem Berg!
Ich bin die Feurige,
die brodelt, dampft und glüht.
Lo-lo-lo, lo-lo-lo, lo-lo-lo, lo-lo-lo.

3. Ich bin der Blaue,
bin wie das tiefe Meer,
ich bin die Welle,
bin langsam und auch schwer.
Ich habe ganz viel Kraft,
kann fließen oder ruh'n.
La-la-la, la-la-la, la-la-la, la-la-la.

4. Ich bin der Grüne,
hab Gelb und Blau in mir.
Ich kann strahlen
oder fließen wie das Meer.
Ich bin hell wie Sonnenschein
oder dunkel wie die See.
Lü-lü-lü, lü-lü-lü, lü-lü-lü, lü-lü-lü.

5. Ich bin das Lila,
gemischt aus Rot und Blau,
ich blüh' als Flieder
und dufte schon im Morgengrau'n.
Ich bin fließend wie das Blau,
Feuer schenkte mir das Rot.
Li-la-li, li-la-li, li-la-li, li-la-li.

6. Ich bin Orange,
hab' Gelb und Rot im Blut,
das Licht der Sonne,
vom Feuer die heiße Glut.
Ich bin leuchtend hell und stark,
orangensaftigfrisch.
Lo-le-lo, lo-le-lo, lo-le-lo, lo-le-lo.

7. Wir sind die Farben:
Gelb, Rot, Orange und Grün,
Blau und Lila,
bunt wie die Blumen blüh'n.
Am Himmel könnt ihr uns
als Regenbogen seh'n.
La-la-la, la-la-la, la-la-la, la-la-la.

Farben tanzen und musizieren

Klingender Farbkreis

Das Lied »Wir sind die Farben« eignet sich sehr gut für eine Aufführung beim nächsten Familienfest, das Sie beispielsweise zum Abschluss dieses Projekts organisieren könnten. Sie brauchen für den klingenden Farbkreis:

- 2 Tücher für jede Farbe
- verschiedene Instrumente
- Klangerzeuger
- Accessoires zu den Liedtexten

Rollenverteilung: Fragen Sie die Kinder, wer eine der sechs besungenen Farben verkörpern möchte. Diese sechs Kinder werden mit den passenden Accessoires zur Darstellung ihrer Liedtexte ausgestattet. Die anderen Kinder suchen sich eines der bereitgestellten Musikinstrumente aus und kleiden sich mit Anziehsachen in der passenden Farbe.

Improvisieren und Proben: Nach diesen Vorbereitungen überlegen Sie mit den sechs Farbenkindern, wie sie sich zur Musik bewegen sollten. Welche Farbe tanzt langsam? Welche Farbe bewegt sich auf Zehenspitzen zur Musik? Welche Farbe liebt den wilden Tanz? Die tanzenden Farben lassen sich von den Musikern begleiten, damit sie gemeinsam die passenden Instrumente ausprobieren können. Natürlich dürfen auch die Musiker Tipps geben, wie die einzelnen Bewegungen noch besser ausgestaltet werden können.

Die Kinder stellen sich mit ihren Instrumenten wie ein Orchester im Halbkreis zum Publikum gewandt auf. Zur Dekoration kommt nun auch der Farbkreis zum Einsatz. Je zwei Tücher einer Farbe werden zusammengeknotet und auf den Boden gelegt.

Aufführung: Die sechs Farbenkinder stellen sich in der richtigen Farbfolge vor dem Orchester auf, bilden einen kleinen Kreis und fassen sich an den Händen. Zuerst singen alle die letzte Strophe mit dem Text »Wir sind Farben ...«. Danach folgt die erste Strophe für die Farbe Gelb, zu denen alle sechs Farbenkinder im Kreis tanzen. Zum Schluss der Strophe summen die Kinder die Melodie weiter, während die Musiker im gelben Farbkreis mit ihren Instrumenten improvisieren und das gelbe Farbenkind aus dem Kreis heraustritt, um seinen gelben Tanz zu zeigen. Für seinen Tanz darf es die gesamte Bühnenfläche nutzen. Ist die Tanzvorstellung beendet, werden die weiteren Farben besungen und mit Instrumentalbegleitung tänzerisch dargestellt. Zum Abschluss der Vorstellung singen alle zusammen nochmals die letzte Strophe und summen dann die Melodie weiter. Diesmal kommt das gesamte Orchester mit allen Instrumenten gleichzeitig zum Einsatz, während alle sechs Farbkinder mal durcheinander und mal gemeinsam tanzen.

Bunte Wasserfarbenmusik

Können Sie sich vorstellen, mit den Kindern ein Farbenlied zu verklanglichen? Sicher würde es den Kindern auch viel Spaß machen, das Ergebnis als Aufführung mit den verschiedenen Verkleidungen, Accessoires und Instrumenten zu inszenieren. Besonders spannend wird dieses Angebot, wenn sie selbst ausprobieren dürfen, welches Instrument nach Gelb, Rot, Blau oder Grün klingt und welches Instrument ins Orange- oder Lilaland passt.

Wasserfarbenmelodien

Komponieren Sie gemeinsam mit den Kindern eine Wasserfarbenmelodie. Hören die Kinder, wie die einzelnen Töne klingen? Sie brauchen dafür:

- Schüsseln, Töpfe und Wannen in verschiedenen Größen
- Eimer und Tonnen
- Steine in verschiedenen Größen
- Murmeln in verschiedenen Größen
- Trinkhalme
- Schläuche
- Quirl
- Kassettenrekorder

So geht's: Stellen Sie alle Behältnisse im Freien auf und und legen Sie die gesammelten Materialien dazu. Die Kinder füllen die Behältnisse mit Wasser. Dann dürfen sie auf verschiedene Arten Töne erzeugen. Sie schütten mit großen Bewegungen Wasser von einem Gefäß ins andere, sie gurgeln mit einem Schluck Wasser im Mund, sie patschen mit Händen und Füßen in einer Pfütze oder werfen abwechselnd große und kleine Steine in die Gefäße. Sie halten einen Trinkhalm ins Wasser und pusten kräftig hinein. Sie legen einige Murmeln in eine Plastikschale voll Wasser und lassen diese auf dem Boden der Schale kreisen. Lassen Sie die Kinder mit weiteren wasserfesten Materialien experimentieren und die Töne mit dem Kassettenrekorder aufnehmen.

Farbenglockenspiel

Stellen Sie gemeinsam mit den Kindern ein Farbenglockenspiel her, mit dem sie nach ihren Vorstellungen musizieren können. Sie brauchen:

- 2 Stühle
- 1 Besenstiel
- 5 Flaschen aus blauem Glas
- starke Schnur
- Esslöffel

Stellen Sie zwei Stühle so auf, dass ein Besenstiel auf beiden Stuhllehnen liegen kann. Die Kinder füllen fünf Glasflaschen mit unterschiedlichen Wassermengen. Dann befestigen sie an jedem Flaschenhals eine Schnur und knoten eine Schlaufe, um die Flaschen am Besenstiel aufzuhängen. Erst wenn alle Flaschen hängen, wird der Besenstiel an den Stuhllehnen befestigt. Die Esslöffel werden als Schlegel benutzt. Reihum probieren die Kinder das Farbenglockenspiel aus. Vielleicht komponieren einige sogar eine Glasmelodie.

Wasserfarbenorchester

Veranstalten Sie ein kleines Konzert mit allen Farbenglockenspielern und Wasserfarbenmusikanten. Bei dieser Aufführung können die Kinder zeigen, wie viele verschiedene Töne es gibt. Die Musikanten brauchen:

- Wasserfarbenglockenspiel
- Materialien für die Wasserfarbenmusik

Bauen Sie die Instrumente im Kreis auf. In eine Kreishälfte kommt das Farbenglockenspiel, in die andere die Wassermusik. Die Konzertproben beginnen mit den Klängen der Wasserfarbenmusikanten. Nacheinander stellt jedes Orchestermitglied sein Instrument vor und überlegt, aus welchen Meerestiefen die Klänge kommen. Welche Klänge kommen ganz tief aus dem Ozean? Welche liegen ganz nahe an der Wasseroberfläche? Anschließend stellen sich die Wasserfarbenmusikanten mit ihren Instrumenten geordnet im Halbkreis auf. Am Anfang steht das Instrument mit dem tiefsten Wasserklang und am Schluss das Instrument mit dem höchsten Klang.

Nun beginnen die Glockenspieler mit ihren Proben. Sie gehen dabei genauso vor wie die Wasserfarbenmusiker. Sie sollen durch Experimentieren herausfinden: Welche Töne schweben über dem Boden? Welche Töne sind so hoch, dass sie beinahe in den Wolken verschwinden?

Wenn alle Musiker des Orchesters mit ihren Instrumenten vertraut sind, kann das Konzert beginnen. Den Anfang machen die Wasserfarbenmusiker. Zuerst erklingen die Töne am Meeresboden. Sie steigen von Ton zu Ton immer höher auf, bis sie schließlich an der Wasseroberfläche angelangt sind und allmählich die Glockenspieler einsetzen. Nach und nach verstummen die Wasserfarbenmusiker. Die gläsernen Töne steigen immer höher, bis sie langsam den Wolken nahe sind. Zum Abschluss lassen alle Musiker ihre Instrumente gleichzeitig zwischen Wasser und Himmel erklingen.

Im grünen Drachenland

Wenn die grünen Drachen lachen

*Mathilda F. Hohberger, Jule Ehlers-Juhle: »Klangfarben & Farbtöne«.
ISBN 3-936286-70-1, 2. Auflage, Jahrgang 2005, Ökotopia Verlag, Münster.*

Refrain
Wenn die grünen Drachen lachen,
dann ist hier was los:
Weil die so grüne Sachen machen,
wird alles grün wie Moos!

1. Grünes Feuer aus dem Rachen,
grün aus dem Gesicht,
tauchen sie die ganze Welt
in schrilles, grünes Licht.

Refrain

2. Grad' noch war der Himmel blau
am großen Himmelszelt.
Plötzlich scheint er grün statt blau
auf uns're bunte Welt.

Refrain

3. Im Zoo da steht Angelika,
die Elefantenfrau.
Ach, das ist ja wunderbar:
Jetzt bin ich grün statt grau!

Refrain

4. »Oh«, kreischt der Marienkäfer,
»jetzt haben wir den Salat!
Die Schafe und sogar der Schäfer
sind grün wie Blattspinat!«

Refrain

5. Ich esse gern Kartoffelbrei,
mein gelbes Leibgericht.
Mit einem grünen Spiegelei –
schmeckt's mir aber nicht.

Refrain

Grüne Drachenkekse backen

Zum Drachenlied (siehe Seite 48) können die Kinder bestimmt eine kleine Stärkung gebrauchen. Stellen Sie ihnen folgende Zutaten zur Verfügung:

- 500 Gramm Mehl
- 1 Teelöffel Backpulver
- 160 Gramm Zucker
- 1 Päckchen Vanillezucker
- 2 Eier
- 250 Gramm Margarine
- 2 Pakete Vanillepuddingpulver
- 4 Esslöffel Zucker
- 1 Liter Milch
- 12 Kiwis
- 2 Päckchen klaren Tortenguss
- 1 Nudelholz
- Ausstechform mit Drachenmotiv oder Teigrädchen

So geht's: Für den Mürbeteig mischen die Kinder das Mehl mit Backpulver, Zucker und Vanillezucker. Dann schlagen sie die Margarine mit dem Handrührgerät schaumig. Unter weiterem Rühren geben sie ein Ei nach dem anderen sowie das Mehl-Zucker-Gemisch hinzu. Sind alle Zutaten zu einem glatten Teig verrührt, rollen die Kinder die Masse auf einer leicht bemehlten Fläche dünn aus. Mit einer Ausstechform oder mit einem Teigrädchen schneiden sie kleine Drachen aus und legen diese auf ein Backblech.
Im vorgeheizten Backofen werden die kleinen Drachenkekse bei 200 Grad Celsius auf der mittleren Schiene zirka 20 Minuten gebacken. Danach müssen sie auskühlen. In dieser Zeit kochen die Kinder einen Vanillepudding gemäß der Packungsbeilage. Mit dem fertigen Pudding bestreichen die Kinder die abgekühlten Drachenkekse so dick, dass ihre Umrisse noch gut zu sehen sind. Als Nächstes schälen sie die Kiwi, schneiden sie in Scheiben und setzen sie schuppenförmig auf den Pudding. Zuletzt bereiten die Kinder den Tortenguss zu und gießen diesen über die Drachenkekse. In einer Keksdose halten sich die Kekse mehrere Tage.

Grünen Drachentrunk brauen

Zu den Keksen schmeckt ein kleiner Erfrischungstrunk bestimmt sehr lecker. Sie brauchen dafür:

- 1 bis 2 Bund Waldmeister (frisch oder getrocknet)
- 1 Liter Apfelsaft
- 1 Liter Mineralwasser
- Honig
- eventuell Waldmeistersirup

So geht's: Die Kinder binden die Waldmeisterblätter zu einem Strauß zusammen und hängen diesen in ein Bowlengefäß – getrockneten Waldmeister geben sie in ein Teeei. In das Gefäß füllen sie den Apfelsaft. Je nach Geschmack wird der Saft mit Honig gesüßt. Nun kommt das Getränk für ein paar Stunden in den Kühlschrank. Je länger der Waldmeister zieht, desto intensiver entwickelt sich sein Aroma. Vor dem Servieren wird die Waldmeisterbowle mit Mineralwasser aufgegossen. Sollte der Drachentrunk den Kindern nicht grün genug sein, können sie ihn mit Waldmeistersirup nachfärben.

Farben verändern die Welt

Purpur im Römischen Reich

Im Römischen Reich war der blaurote Purpur die schönste und zugleich kostbarste Farbe. Kein Wunder also, dass sie als Symbol der Macht galt. Nur die Cäsaren, Konsule und siegreiche Feldherren durften ein Purpurgewand tragen. Gehen Sie mit den Kindern in die Bücherei und suchen Sie dort nach Büchern mit Abbildungen aus der Zeit des Römischen Reiches. Wie waren die Menschen gekleidet? Welche Unterschiede in den Gewändern, Materialien und Farben entdecken die Kinder?

Variation: Suchen Sie mit den Kindern auch Abbildungen aus anderen Epochen und gehen Sie der Frage nach, mit welchen Farben sich die Herrschenden und ihre Würdenträger in den verschiedenen Epochen kleideten.

Immer wieder überrascht uns die Mode mit ihren strahlenden Farben. Aber wer denkt bei ihrem Anblick schon an Chemie? Und wer weiß überhaupt, wie Farben hergestellt werden? Wem ist bekannt, dass das Tragen farbiger Kleidung bis vor wenigen Jahrhunderten ein Privileg war, das den Herrschenden, den Kirchenoberhäuptern sowie ihren Würdenträgern und ihren Staatsdienern vorbehalten war?

Farben als Statussymbole

Bis zum Ende des 17. Jahrhunderts war es in Europa nur den herrschenden Adelsfamilien, Kirchenoberhäuptern sowie den Militärs und Staatsdienern erlaubt, Kleider und Uniformen in leuchtenden Farben zu tragen. Das einfache Volk hingegen durfte lediglich naturfarbene Materialien zur Herstellung seiner Kleidung verwenden. Wer diese Kleidervorschriften nicht beachtete, wurde hart bestraft. Wir würden heute sagen: Das Zeigen von Farbe war ein Statussymbol.
Überlegen Sie mit den Kindern, welche Farben für welche Bevölkerungs- und Berufsgruppe typisch waren. Überprüfen Sie die Aussagen der Kinder anhand von historischen Gemälden.

Schwarzmalerei

Noch heute empfinden viele Menschen die Farben Schwarz, Grau und Braun als Zeichen fehlender Lebensfreude, da diese Farben in der Vergangenheit vor allem Unfreiheit, Elend, Krankheit und Tod symbolisierten. Daher kommt auch die sprichwörtliche Schwarzmalerei. Denken wir dagegen an leuchtende Farben, fühlen wir uns positiv gestimmt, gesund und lebensfroh. Je kräftiger und leuchtender eine Farbe zum Einsatz kommt, desto stärker steht diese für Individualität und Freiheit, für modernen Lebensstil und aktive Freizeit.

Die Purpurschnecke als Farbenlieferant

Die ersten leuchtenden Farbstoffe wurden aus Naturstoffen hergestellt und waren so teuer, dass eben nur ein König die immensen Herstellungskosten bezahlen konnte. Den Farbstoff für die purpurfarbenen Gewänder lieferte die Purpurschnecke, die diesen in Drüsen produzierte. Um ein Gramm des Farbstoffs herstellen zu können, wurden etwa 12.000 Schnecken gebraucht. Begeben Sie sich mit den Kindern auf die Suche nach der Purpurschnecke. Wie sieht sie aus? Wo lebt sie? Wie ernährt sie sich?

Die Kaktuslaus kommt nach Europa

Als die Spanier im 16. Jahrhundert Mexiko eroberten, machten sie viele Entdeckungen, die sie nach Europa brachten. Da leuchtende Farben für die spanischen Eroberer besonders wertvoll waren, interessierten sie sich unter anderem auch für die leuchtend rot gefärbten Gewebe der Azteken. Lieferant dieses Karmin genannten Farbstoffs war die Cochenille-Kaktuslaus. Da die Azteken für die Herstellung von 1 Kilo Karmin etwa 150.000 weibliche Läuse benötigten, züchteten sie die Kaktusläuse auf großen Plantagen. Als die Eroberer das leuchtende Geheimnis der roten Farbe entschlüsselt hatten, brachten sie die ersten Kaktusläuse nach Europa, wo sie bis heute auf den Kanarischen Inseln gezüchtet werden. Verfolgen Sie mit den Kindern den Weg der Kaktuslaus von Mexiko nach Europa. Welches Klima braucht ein Cochenille-Kaktus, damit er gut wachsen kann? WIe groß wird dieser Kaktus? Welche Form hat er? Vielleicht finden die Kinder sogar heraus, wie eine Cochenille-Kaktuslaus aussieht.

Alizarin und Indigo

Die Färber im alten Europa verwendeten vor allem Pflanzen zum Färben der Gewebe. Um ein leuchtendes Rot zu erhalten, nutzten sie Krapp, die in ihren Wurzeln den kräftig roten Farbstoff Alizarin bildet. Daher stammt auch der lateinische Name der Pflanze *Rubia tinctorum*. Für ein kräftiges Blau nahmen sie die Indigopflanze, deren Farbton noch heute eine klassische Blue Jeans auszeichnet. Suchen Sie mit den Kindern in Pflanzenbüchern nach der Rubia tinctorum und der Indigopflanze. Interessant ist sicherlich auch eine Exkursion in den Botanischen Garten, wo die Kinder diese und weitere Färbepflanzen entdecken können.

Farben für arme Leute

Ehe sich alle Menschen gleichermaßen bunt kleiden konnten, mussten Farbstoffe erst einmal billiger werden. Bis dahin konnte sich die einfache Bevölkerung zum Färben ihrer Kleidung nur solche Rohstoffe leisten, die alltäglich und billig waren. Typisch waren Braun aus Eichenlohe oder Gelb aus Zwiebelschale, Gelbgrün aus Blattfarbstoff sowie Blassrot aus roten Beeren und Kirschen. Viele dieser natürlichen Farbstoffe hielten nur schlecht auf dem Gewebe. Bei Regen oder in der Wäsche liefen sie aus und bei Sonnenlicht verblassten sie. Sicher ist es für die Kinder spannend, wenn sie wie die frühere Landbevölkerung grobe Baum- und Leinentücher mit selbst gesammelten Pflanzenmaterialien färben, mehrfach waschen und in die Sonne hängen. So können sie beobachten, wie sich die Farben verändern.

Experimente mit Anilinfarben

Bestimmt haben einige Kinder mit dem Chemiebaukasten oder im Schullabor schon mal selbst mit Anilinfarben experimentiert, zum Beispiel mit Fuchsin, Kristallviolett, Malachitgrün oder Anilinblau. Stellen Sie den Kindern einen Chemiebaukasten zur Verfügung, mit dem sie selbst Farben mischen dürfen.

Geschichte der Farbindustrie

Am Anfang der Entwicklung synthetischer Farbstoffe stand um 1835 die Entdeckung von Anilin, das im Teer der Steinkohle gefunden wurde. Der Name Anilin stammt vom portugiesischen Anil (Indigo). Die chemische Bezeichnung dieses Rohstoffs ist Aminobenzol. Mithilfe dieser Substanz gelang es den Chemikern, viele Farbstoffe in allen gewünschten Nuancen und Tönen herzustellen. So gab es neben den synthetisch hergestellten Anilinfarbstoffen bald weitere Farbstoffe wie Methylenblau, Kongorot und Sudanrot. Mit Beginn der Farbenindustrie entstanden viele Farbstofffabriken, die sich im Laufe ihrer Unternehmensgeschichte zu weltweit bedeutenden Chemiekonzernen entwickelten. Hierzu zählen unter anderem die Badische Anilin- und Sodafabrik (BASF) in Ludwigshafen, BAYER Leverkusen und HOECHST in Frankfurt am Main.

Farben in der Modewelt

Als die Chemieindustrie im 19. Jahrhundert verschiedene Farbstoffe preisgünstig und in großen Mengen herstellen konnte, kam dies einer Revolution gleich. Fortan war es nicht nur privilegierten Bevölkerungsschichten vorbehalten, sich in leuchtender und farbenfroher Kleidung zu zeigen. Insofern leistete auch die Farbenindustrie einen wichtigen Beitrag zur Entwicklung einer demokratischen Gesellschaft, in der jeder Bürger und jede Bürgerin die gleichen Rechte zugesprochen bekam. Wie sich die Gesellschaft und die Farben ihrer Kleidung in den kommenden Jahren veränderten, können die Kinder anhand farbiger Abbildungen und Gemälden nachempfinden. Begeben Sie sich mit den Kindern auf eine Reise in die Geschichte der Modewelt.

Farben in der Pflanzenzucht

In der Pflanzenzucht ist der Gebrauch von speziellen Teststreifen alltäglich. Bei der Untersuchung von Boden- und Wasserproben zeigt die Färbung der Teststreifen den pH-Wert (Säurewert) und den Nährstoffgehalt an. Sicherlich ist es für die Kinder sehr spannend, selbst als Forscher aktiv zu werden. Stellen Sie ihnen kleine Testsets aus dem Gartenzentrum zur Verfügung, mit denen sie die Boden- und Wasserqualität in ihrer Umgebung untersuchen können.

Farben für den Gesundheitscheck

Auch bei der Gesundheitsvorsorge helfen uns die Farben. So können wir Krankheiten wie Diabetes oder Cholesterin mithilfe von Teststäbchen selbst kontrollieren. Gehen Sie mit den Kindern in eine Apotheke, um sich dort die Funktionsweise der Teststäbchen erklären zu lassen. Sicherlich werden die Kinder die Teststäbchen gerne einmal selbst ausprobieren wollen.

Farbstoffe in der Medizin

Viele Entdeckungen wären in Wissenschaft und Forschung ohne die Eigenschaften von Farben gar nicht möglich. Einige Substanzen verändern sich farblich oder werden überhaupt erst sichtbar, wenn sie mit anderen Substanzen in Kontakt kommen. Diese Färbeeigenschaften werden für viele Testverfahren genutzt. Im Jahre 1882 entdeckte Robert Koch den Tuberkulosebazillus mithilfe von Methylenblau, das im Chemieunterricht als das »Blaue Wunder« bekannt ist. Später erkannte Paul Ehrlich die antiseptische Wirkung von Farbstoffen und begründete damit die Chemotherapie, also die Behandlung von Krankheiten mit synthetisch (chemisch hergestellten) Arzneimitteln. Die Erfolge dieser Heilverfahren hatten zur Folge, dass die therapeutische Eignung sämtlicher Farbstoffe und ihrer Synthesevorstufen untersucht wurde. Im Jahre 1934 entdeckte Gerhard Domagk, dass sich mit Sulfonamiden lebensbedrohliche Streptokokken bekämpfen ließen. Fortan ließen sich weit verbreitete Krankheiten wie Lungenentzündung, Kindbettfieber, Blutvergiftung oder Hirnhautentzündung heilen, die bis dahin meist tödlich verliefen.

Tipp

Vereinbaren Sie vorab einen Besuchstermin in der Apotheke und legen Sie die Dauer sowie die Inhalte fest. Legen Sie zur Vorbereitung Ihrer Exkursion mit den Fachleuten aus der Apotheke unbedingt fest, was für die Kinder von Interesse ist und vielleicht sogar demonstriert werden kann. Wichtig ist, dass den Kindern genügend Zeit für eigene Fragen bleibt.

Licht und Schatten

Vom Stand der Sonne hängt es ab, ob ein Schatten kurz, lang oder gedrungen erscheint. Je höher die Sonne steht, desto steiler fällt das Licht und desto kürzer wird ein Schatten. Morgens und abends wirft das Licht daher längere Schatten als um die Mittagszeit. Wie lang der Schatten ist, hängt zudem wesentlich von der Position ab, auf die das Licht fällt. So werfen die Menschen mittags am Äquator so gut wie gar keinen Schatten, da hier die Sonne senkrecht vom Himmel brennt. An Nord- oder Südpol hingegen erzeugen selbst Babys riesenhafte Umrisse. Diese Erkenntnisse lassen sich bei der Gestaltung von Schattenbildern nutzen.

Schattenporträts

Gestalten Sie zur Abwechslung doch mal einen Elternabend, bei dem Sie als Höhepunkt von jedem Kind das Profil als Schattenbild ausstellen. Erkennen die Eltern, welches Profil ihr Kind zeigt? Das kann lustig werden. Um Schattenbilder anzufertigen, brauchen Sie:

- 1 Schreibtischlampe
- weißes Malpapier
- schwarzes Tonpapier
- Klebeband
- Bleistifte
- Papierrolle
- Scheren

So geht's: Nacheinander wird von jedem Kind ein Schattenbild angefertigt. Bevor die Kinder Modell stehen, wird zur Vorbereitung jeweils ein neuer Bogen weißes Papier an der Wand befestigt. Dann stellt sich ein Kind seitlich vor die Papierfläche. Ein anderes Kind richtet den Lichtstrahl einer Schreibtischlampe so aus, dass der Kopf des Modells ein scharfes Profil zeigt. Um seinen Kopf zu stützen, wird zwischen seinen Kopf und die Wand eine Papierrolle geklemmt. So kann sein Umriss nicht verwackeln. Nun zeichnet ein weiteres Kind den Umriss des Schattenbildes nach. Danach ist das nächste Kind an der Reihe und darf für sein Bild Modell stehen. Sind alle Schattenbilder aufgezeichnet, schneidet jedes Kind sein Profil selbst aus und klebt es auf schwarzes Tonpapier.

Schattenfiguren zaubern

Um Schattenfiguren zu zaubern, brauchen Sie:

- 1 Schreibtischlampe
- 1 weiße Wand

So geht's: Richten Sie die Schreibtischlampe auf die weiße Wand. Je geringer der Abstand ist, desto schärfer wird der Umriss. Nun streckt ein Kind nach dem anderen seine Hände aus und versucht, einen Hund, einen Hasen oder ein anderes Tier darzustellen. Viel Spaß.

Ein Daumenkino entsteht

Machen Sie die Kinder zu Regisseuren, die ein Drehbuch für ein Daumenkino schreiben sollen. Ein Daumenkino funktioniert wie ein echter Kinofilm. Das heißt, eine Geschichte wird in vielen kleinen Einzelbildern erzählt. Zum Schluss verschmelzen alle Einzelbilder zu einem Film. Sie brauchen dafür:

- 1 kleinen Notizblock aus festem Papier
- 1 Bleistift
- 1 Radiergummi
- 1 Blatt Papier
- Buntstifte, Filzstifte oder Malkasten

So geht's: Bevor die Kinder ihr eigenes Drehbuch schreiben, sollten sie zunächst einen kleinen Übungsfilm gestalten. Am besten eignet sich für diese Aufgabe ein Daumenkino, das den Lauf der Sonne zeigt. Auf mehrere kleine Bilder zeichnen die Kinder, wie die Sonne am rechten Bildrand auftaucht, langsam zum Himmel hinaufwandert und schließlich am linken Bildrand untergeht. Als Landschaftskulisse malen die Kinder einen Berg oder das Meer.

Am besten gelingt das Daumenkino, wenn die Kinder mit dem letzten Einzelbild beginnen. Hier ist die Sonne bereits untergegangen, so dass dieses Bild nur noch die Landschaft zeigt. Da diese unverändert bleibt, können die Kinder die Landschaft als Vorlage benutzen und auf jeder darüber liegenden Seite abpausen. Danach zeichnen die Kinder die Sonne, deren Stellung, Größe und Farbe sich von Bild zu Bild verändert. Auch diesmal beginnen die Kinder wieder am Schluss des Daumenkinos. Allerdings auf der vorletzten Seite, also beim letzten Bild, das den Sonnenuntergang zeigt. An den unteren rechten Bildrand malen die Kinder eine kleine Sonne - kurz bevor sie auf der nächsten Seite ganz verschwunden ist. Auf den davor liegenden Seiten zeichnen die Kinder den Lauf der Sonne rückwärts, also wie sie von rechts unten im Bogen nach oben steigt und an den unteren linken Bildrand wandert. Auf jedem Einzelbild wird die Stellung der Sonne nur ein kleines Stück verändert. Wenn die Kinder ihr Daumenkino fertig gezeichnet haben, malen sie die Einzelbilder farbig aus.

Bunte Schattenbilder

Machen Sie mit den Kindern ein kleines Experiment. So können sie beweisen, dass es bunte Schatten gibt. Sie brauchen:

- 1 grünen Strahler
- 1 roten Strahler
- 1 weiße Wand

So geht's: Die Kinder richten einen grünen und einen roten Strahler gleichzeitig auf eine weiße Wand. Das rote und das grüne Licht mischen sich auf der weißen Wand zu einem gelblichen Ton. Hält nun eines der Kinder seine Hand in das Licht, hebt der Schatten der Hand die Mischung wieder auf und der Schatten ist entweder rot oder grün.

Mosaike gestalten

Eine besondere Kunstform ist die Herstellung von Mosaiken. Vielerorts können wir an Hauswänden, in Kirchen oder Schlössern kunstvolle Wand- und Fensterbilder bewundern, die aus unzähligen Steinchen gestaltet wurden. Aber auch kleinere Gegenstände lassen sich mit Mosaiken verzieren. Besonders gut eignen sich hierfür Schalen und Töpfe.

Mosaik aus Fliesen und Porzellan

Sie brauchen:

- Schnittreste von dünnen Fliesen (aus dem Baumarkt)
- altes Porzellangeschirr (möglichst mit verschiedenen Farben und Mustern)
- Blumentöpfe aus Ton
- Schutzbrille
- Gummihandschuhe
- Fliesenkleber
- Fliesenzange
- (bunten) Fugenmörtel
- Hammer
- Spachtel
- Plastikschüssel mit Wasser
- Holzstab
- Schwamm- und Frotteetuch
- Bleistift
- Transparentpapier
- Fliegengitter aus Kunststoff
- Altpapier
- Holzbrett als Arbeitsunterlage

So geht's: Auf das Transparentpapier zeichnen die Kinder mit Bleistift ein Motiv, das sie als Mosaik gestalten möchten. Als Nächstes erhält jedes Kind eine Schutzbrille. Erklären Sie den Kindern, dass sie nun aus den Fliesenresten und dem Bruchgeschirr die benötigten Mosaiksteinchen herstellen werden. Damit sie sich oder andere dabei nicht verletzen, müssen sie sehr vorsichtig und konzentriert arbeiten! Zeigen Sie den Kindern, wie sie vorgehen müssen. Legen Sie einige Fliesen so auf die Arbeitsplatte, dass die dekorative Seite nach unten zeigt. Dann decken Sie die Fliesen mit reichlich Altpapier gut ab und schlagen vorsichtig mit dem Hammer darauf, bis einige Scherben abbrechen. Nun können die Kinder mit der Arbeit beginnen. Wer geübt genug ist, darf kleine Bruchstücke mit einer Fliesenzange bearbeiten und die gewünschten Formen brechen.
Haben die Kinder genügend Mosaiksteinchen hergestellt, nehmen sie ihre Zeichnung und legen ihr Motiv mit den Mosaiksteinchen aus. Danach bestreichen sie das Fliegengitter mit Fliesenkleber, drücken die Klebefläche fest auf das Mosaik und lassen das Flies mit dem Mosaik trocknen. Als Nächstes bestreichen sie den Tontopf mindestens 0,5 Zentimeter dick mit Fliesenkleber, drücken das vorbereitete Mosaik fest an und lassen es danach mindestens 24 Stunden trocknen.
Nach dem Trocknungsvorgang rühren die Kinder das Fugenmittel entsprechend der Packungsanleitung mit Wasser an, bis eine cremige Masse entsteht. Bevor die Kinder die Masse mit dem Teigschaber in den Fugen verteilen, müssen sie unbedingt Gummihandschuhe anziehen! Mit dem Spachtel verteilen sie die Fugenmasse auf dem Mosaik. Die Zwischenräume füllen sie mit den Fingern aus. Überschüssigen Mörtel entfernen sie vorsichtig mit einem feuchten Schwamm. Um eine möglichst ebene und saubere Oberfläche zu erhalten, reinigen und bearbeiten die Kinder diese zum Schluss mit einem alten Frotteetuch. Nun muss das Kunstwerk nur noch einige Tage trocknen.

Mosaik aus Glasscherben

Ein Mosaik, das aus Glasmaterialien gestaltet ist, ruft immer wieder neue Effekte hervor. Je nachdem wie das Licht auf das Glas trifft, verändert das Mosaik sein Aussehen und somit seine Wirkung auf den Betrachter. Bereits mit einem kleinen Glasmosaik können die Kinder alte Glasbehälter oder Glasschüsseln in dekorative Kerzenhalter, Windlichter und Wasserbecken für Schwimmkerzen verwandeln. Sie brauchen:

- alte Gefäße, Schüsseln und Trinkbecher aus Glas
- bunte Glassteine und Glasperlen
- Bastelkleber
- Kreppband
- Fugenmörtel
- Acrylfarben
- Spachtel
- Plastikschüsseln
- Holzstab
- Gummihandschuhe
- alte Schwamm- und Frotteetücher
- Abdeckfolie als Arbeitsunterlage

So geht's: Zunächst wird die Arbeitsfläche mit Folie abgedeckt. Dann erhält jedes Kind ein gut säubertes Glasgefäß, das es umgedreht auf die Arbeitsfläche stellt und mit verschiedenen Glaselementen beklebt. Beim Aufbringen des Mosaiks arbeiten die Kinder von unten nach oben. Damit die aufgeklebten Materialien nicht verrutschen, werden sie mit Kreppband umwickelt und mindestens 24 Stunden zum Trocknen aufgestellt. Danach rühren die Kinder ausreichend Fugenmittel gemäß der Packungsbeilage mit Wasser an. Mischen sie eventuell etwas Acrylfarben darunter. Bevor die Kinder die Zwischenräume ihrer Glasmosaike mit der Fugenmasse füllen, müssen sie zum Schutz ihrer Hände unbedingt Gummihandschuhe anziehen! Danach tragen sie das Fugenmittel mit einem Spachtel auf und glätten kleinere Unebenheiten mit den Fingern, bis sie eine gleichmäßige Oberfläche erhalten. Überschüssiges Fugenmaterial entfernen die Kinder vorsichtig mit einem feuchten Schwamm. Zum Schluss reinigen sie ihre Kunstwerke mit einem Frotteetuch und lassen sie nochmals einige Tage trocknen, damit die aufgeklebten Materialien sicher haften bleiben.

Punkt an Punkt – Pointillismus

Überraschen Sie die Kinder mit einer faszinierenden Maltechnik, die der Franzose Georges Seurat entwickelt hat. Da bei dieser Maltechnik Punkt (französisch = point) an Punkt gesetzt wird, nennt sich dieses Verfahren »Pointillismus«.

Landschaftsbild aus Punkten

Diesmal erhalten die Kinder die Aufgabe, eine Landschaft mit Bäumen, Bergen und Wasser zu punkten. Da die Landschaft aus großen Flächen besteht und kleinere Details eher schwierig zu punkten sind, skizzieren sie zunächst die Umrisse der wichtigsten Details mit einem weichen Bleistift. Anschließend mischen sie die Farbtöne, die sie für ihr Landschaftsbild verwenden möchten. Achten Sie darauf, dass die Kinder nicht zu viel Wasser nehmen, damit ihre Farben nicht verlaufen. Mit grüner Farbe malen sie zunächst die Baumkronen, indem sie kleine gleichmäßige Punkte auf das Papier tupfen. Zwischen den Punkten sollten sie etwas Abstand lassen. Danach malen sie auf die gleiche Weise alle weiteren Elemente ihres Bildes. Besonders interessant werden die Kunstwerke, wenn die Kinder möglichst viele verschiedene Farbtöne verwenden. Um die Wiese von den Bäumen abzugrenzen, sollten sie für die Wiese ein helles und für den Baum ein dunkles Grün einsetzen. Mischen sie dem Grün etwas Gelb, Blau oder Rot bei, heben sich die Grüntöne stärker voneinander ab. Ermutigen Sie die Kinder zum Herumexperimentieren. Wie sieht es wohl aus, wenn sie zwischen die grünen Punkte einen gelben, roten oder blauen Punkt setzen? Wenn das Bild fertig und die Farbe trocken ist, radieren sie vorsichtig ihre Vorzeichnung weg.

Farbkreis aus Punkten

Um den Effekt des Pointillismus zu verstehen, malen die Kinder mit allen Regenbogenfarben inklusive aller Zwischentöne einen Farbkreis. Sie brauchen:

- 1 Blatt weißes Papier
- 1 Tuschkasten
- Teller zum Mischen der Farben
- 1 dünnen festen Rundpinsel
- Wasser

So geht's: Die Kinder malen zunächst mit reinen (unvermischten) Farben viele gleich große Punkte auf ein weißes Blatt Papier. Wichtig ist, dass sie zwischen den Punkten kleine Zwischenräume lassen. Die fertigen Bilder werden an einer Wand aufgehängt und aus größerer Entfernung betrachtet. Für den Betrachter beginnen die Punkte nun zu flimmern und scheinen sich zu neuen Farbtönen zu vermischen. Dieser Effekt ist das Besondere an dieser Maltechnik.

Arbeiten mit Sand

Mit diesem Angebot wecken Sie bei den Kindern die Freude am Umgang mit dem Material Sand und außerdem den Mut zum Experimentieren. Sie brauchen:

- feinen Sand
- grobkörnigen Sand
- Zeichenkarton
- Deckfarben
- verschiedene Pinsel
- Bleistifte
- flüssigen Klebstoff (Kleister)
- reichlich Zeitungspapier
- Landschaftsbilder

So geht's: Die Kinder sehen sich verschiedene Landschaftsbilder an und überlegen, wie sie diese nachgestalten können. Als Arbeitsmaterial stehen ihnen verschiedene Sorten Sand zur Verfügung. Zur Vorbereitung skizzieren die Kinder die Umrisse ihres Werkes mit Bleistift und bestreichen die einzelnen Flächen mit Kleber. Als Nächstes wird das skizzierte Bild diesmal nicht mit Farbe ausgemalt, sondern zunächst mit Sand ausgefüllt. Um größere Elemente zu bearbeiten, drücken die Kinder das Papier auf den Sand. Kleinere Flächen und Details werden vorsichtig bestreut. Zum Schluss gestalten die Kinder die Sandflächen mit Farbe, die sie mit einem Flachpinsel vorsichtig auftupfen. Durch die Verwendung von unterschiedlichen Sorten Sand entstehen reliefartige, farbenfrohe Bilder.

Betontechnik

Fragen Sie die Kinder doch einmal, was sie sich unter Betontechnik vorstellen? Richtig, bei dieser Technik werden sie so arbeiten, dass sie eine alte Hose oder ein altes T-Shirt tatsächlich in die Ecke stellen können. Bestimmt haben die Kinder viel Spaß daran, einen Strumpf als Stiftehalter zu gestalten. Ein schöner Blickfang für die Küche ist auch ein Stoffbeutel zur Aufbewahrung von Kochlöffeln. Und mit etwas Geschick lässt sich aus einem Tuch eine Obstschale formen. Alles, was die Kinder für ihre Kunstwerke benötigen, ist im Bastelladen erhältlich:

- Skulpturmedium
- alte Strümpfe, Stofftücher oder Stoffbeutel
- Farben

So geht's: Eine Grundvoraussetzung bei dieser Technik ist, dass die Oberfläche der verwendeten Textilien absolut unbehandelt und frei von Fett oder Appretur ist. Um dies zu erreichen, sollten die Materialien zunächst gewaschen und getrocknet werden. Danach wird das Skulpturmedium gemäß der Gebrauchsanweisung auf den Stoff gegeben und 10 bis 15 Minuten gut eingeknetet. Wichtig ist, dass wirklich die gesamte Oberfläche bedeckt ist. Danach muss der bearbeitete Stoff 5 bis 8 Stunden trocknen, ehe die Kinder ihn in die gewünschte Form bringen können. Nach weiteren 24 Stunden ist die Figur komplett ausgehärtet und kann bemalt oder beklebt werden.

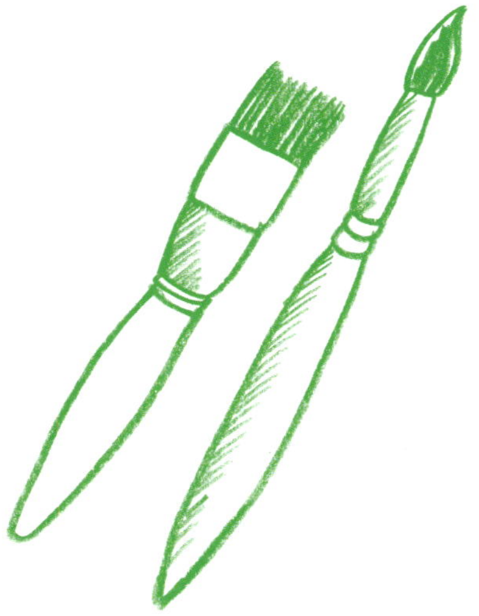

Dschungelbilder

Gestalten Sie mit den Kindern einen fantasievollen Dschungel mit möglichst vielen Dschungelfarben. Sie brauchen dafür:

- dunkelgrünen Tonkarton
- gelbe Fingerfarben
- blaue Fingerfarben
- weiße Fingerfarben
- Pinsel
- Pappteller

So geht's: Jedes Kind erhält einen Bogen Tonkarton und einen Pappteller zum Mischen seiner Dschungelfarben. Nach diesen Vorbereitungen überlegen alle gemeinsam, wie ein Urwald aussieht. Sind die Bäume dort groß oder klein? Haben sie viele oder wenig Blätter? Gibt es wenig oder viele Schlingpflanzen? Scheint die Sonne im Urwald oder ist es dort eher dunkel? Haben die Kinder genügend Anregungen gesammelt und ihre Ideen ausgetauscht, beginnen sie zu malen.

Farbiges Gemeinschaftsbild auf Zeit

Wollen Sie mit den Kindern ein buntes Gemeinschaftswerk mit neuen Farben und Formen entstehen lassen? Sie brauchen dafür:

- rote Abtönfarbe
- gelbe Abtönfarbe
- blaue Abtönfarbe
- Pappteller
- Malpapier
- Pinsel
- Stoppuhr

So geht's: Alle Kinder sitzen an einem runden Tisch. Jeder Arbeitsplatz ist mit einem großen Zeichenblatt, einem Pinsel und einem Pappteller ausgestattet. In der Mitte stehen rote, gelbe und blaue Abtönfarben bereit. Gemeinsam überlegen die Kinder, welche geometrische Figur zu Rot, zu Gelb und zu Blau passen könnte. Dann füllt jedes Kind eine Farbe seiner Wahl auf seinen Pappteller und hat genau zwei Minuten Zeit, um damit die passende Form zu malen. Nach Ablauf der Zeit rücken alle im Uhrzeigersinn zum nächsten Arbeitsplatz weiter. Auch diesmal haben sie wieder genau zwei Minuten Zeit, um in das bereits angefangene Bild nochmals ihr rotes Dreieck, ihren gelben Kreis oder ihr blaues Fünfeck zu malen. Dieser Vorgang wird so oft wiederholt, bis alle wieder vor ihrem eigenen Zeichenblatt sitzen. Bei jedem Platzwechsel wandern die Pinsel, die Farbteller und diese Motive mit. Einzig die Größe und die Position der gezeichneten Elemente dürfen sich verändern. So kann ein rotes Dreieck auf einem Bild riesengroß und auf einem anderen Bild winzigklein sein. Auf einem Bild darf es an den Rand und auf einem anderen Bild in die Mitte gemalt werden. Je öfter die Kinder weiterrücken und das Bild weitermalen, desto mehr vermischen sich Farben und Formen.

Rot-Gelb-Mischungen

Was passiert, wenn sich ein Rot und ein Gelb vermischen? Richtig, es entsteht ein Orange. Diesen Prozess können die Kinder nachempfinden. Sie brauchen dafür:

- Packpapier
- Klebeband
- Pappteller
- rote Fingerfarben
- gelbe Fingerfarben
- weiße Fingerfarben

So geht's: Bereiten Sie vor Spielbeginn für jeweils zwei Kinder einen Arbeitsplatz vor. Befestigen Sie mit Klebeband einen großen Bogen Packpapier auf der Tischplatte. Nun bilden die Kinder eine rote und eine gelbe Gruppe. Jedes Kind erhält einen Pappteller mit seiner Farbe und sucht sich einen der Zeichenplätze aus. Wichtig bei der Auswahl ist, dass sich jeweils ein rotes und ein gelbes Kind treffen. Die Kinder stellen sich gegenüber auf, tauchen die Hände in ihre Farbe und beginnen das Papier großflächig zu bearbeiten. Die Farben vermischen sich und lassen neue Orangetöne entstehen. Haben die Kinder die gesamte Papierfläche bemalt, geben sie an einigen Stellen etwas Weiß hinzu, um die Orangetöne besser voneinander abzugrenzen und somit stärker hervorzuheben.

Bilder aus der Natur

Machen Sie sich mit den Kindern auf die Suche nach den Farben der Natur. Entdecken Sie gemeinsam, wie viele verschiedene Grüntöne die Blätter und Gräser haben. Wie wäre es, wenn die Kinder aus diesen Naturmaterialien ein Bild gestalten? Sie brauchen dafür:

- grüne Blätter
- Tannenzweige
- Gräser
- weißes Malpapier
- Klebstoff
- grüne Wachsmalstifte
- grüne Papierreste

So geht's: Sammeln Sie mit den Kindern grüne Naturmaterialien. Haben die Kinder alle Materialien auf einem weißen Bogen Malpapier arrangiert, kleben sie die Naturschätze fest. Dann zeichnen sie die Umrisse der Gräser und Blätter mit Wachsmalstiften nach. Die Leerräume zwischen den Naturmaterialien füllen sie mit grünen Papierschnipseln aus. So entstehen wunderschöne grüne Naturcollagen. Nach einigen Tagen können die Kinder beobachten, wie sich ihre Kunstwerke verändern. Je länger die verwendeten Naturmaterialien trocknen und dem Licht ausgesetzt sind, desto stärker nehmen sie neue Formen und Farben an.

Redewendungen

Redewendungen sind eine besondere Eigenheit jeder Sprache und für diejenigen, die eine Fremdsprache erlernen, oft besonders schwer zugänglich. Es gibt die unterschiedlichsten Möglichkeiten, Kinder mit Redewendungen zu Farben vertraut zu machen. Lesen Sie den Kindern einige Redewendungen vor und lassen Sie sie danach erklären, was sie darunter verstehen. Für den Einstieg haben wir Ihnen hier einige Beispiele mit ihrer Bedeutung zusammengestellt.

Gelb vor Neid

Dieser Ausspruch beruht wahrscheinlich auf dem Zustand bei eintretendem Schwindelgefühl: Eine solche Kreislaufschwäche kann diese Farberscheinung im Auge mit sich bringen. Gesteigerter Neid kann einen ähnlichen Zustand wie Ohnmacht auslösen. Oftmals wird das »Ergelben« im Sinne von Erblassen benutzt. Jemand, der vor Neid gelb wird, sieht somit kränklich aus.

Mit einem blauen Auge davonkommen

Diese Redewendung haben die Kinder bestimmt schon einmal gehört. Gemeint ist: Jemand ist glimpflich davonkommen.

Komm an meine grüne Seite!

Diese Aufforderung dürfte den Kindern sicher bekannt sein. Aber welche Seite ist damit gemeint? Ist es die linke oder die rechte Seite? Gemeint ist damit die Herzensseite, also die linke Seite.

Wer hat mir den schwarzen Peter zugeschoben?

Die Redewendung dürfte den Kindern keine Schwierigkeiten bereiten. Wissen sie aber auch, dass diese Äußerung tatsächlich vom beliebten Kartenspiel »Schwarzer Peter« stammt? Bei diesem Spiel suchen die Spieler Kartenpaare und legen sie ab. Wer als Letzter den schwarzen Peter in der Hand hat, ist der Verlierer.
Die Bedeutung steht dafür, dass ein unliebsames Problem oder die Verantwortung für eine schwierige Aufgabe weitergeschoben wird.

Tipp

Eine schöne Möglichkeit, um den Kindern Redewendungen näher zu bringen, bietet das Malen oder ein kleines Rollenspiel. So erleben Kinder auf spielerische Weise die Ganzheitlichkeit von Sprache.

Unser blauer Planet

Dass unsere Erde auch als blauer Planet bezeichnet wird, ist für viele Kinder noch gar kein Begriff. Wenn sie aber einen Globus genau betrachten, wissen sie woher die Bezeichnung kommt. Auch aus dem Weltall betrachtet, erscheint unsere Erde als blauer Planet.

Grüne Welle

Gemeint mit der grünen Welle ist eine spezielle Schaltsequenz der Ampelanlagen im Straßenverkehr. Diese Schaltung soll bewirken, dass die Fahrzeuge bei einer bestimmten Geschwindigkeit immer »grünes Licht« haben und an keiner Ampel anhalten müssen. So kann der Verkehr besser fließen und wird die Umwelt geschont.

Rizzi und sein Werk

Haben Sie schon einmal darüber nachgedacht, ob Häuser ebenso wie wir Menschen Gefühle haben? Vielleicht schütteln Sie im ersten Moment verständnislos den Kopf, wenn Sie diese Frage lesen. Dennoch ist dies eine interessante Frage, der Sie mit den Kindern nachgehen sollten. Stellen Sie sich vor, die Kinder kicken einen Ball gegen eine Hauswand. Spürt das Haus den Aufprall vom Ball? Wie fühlt es sich dabei?

Rizzi und den Gefühlen auf der Spur

Gehen Sie mit den Kindern in die Bücherei und leihen Sie sich dort einige Bücher aus, die über diesen besonderen Künstler und seine Werke berichten. Um den Künstler und seine Arbeit zu verstehen, betrachten die Kinder zunächst seine Bilder und lassen diese auf sich wirken. Erkennen sie die Philosophie, die der Künstler mit seinen bunten Kunstwerken ausdrücken?

James Rizzi

Der US-amerikanische Künstler und Maler James Rizzi wurde 1950 im New Yorker Stadtteil Brooklyn geboren. Schon während seines Kunststudiums an der University of Florida suchte er nach Möglichkeiten, um Malerei und dreidimensionale Gestaltung miteinander zu verbinden. So entwickelte er die Technik der 3D-Grafik. Im Jahre 1974, nach Abschluss seines Studiums, präsentierte er seine Arbeiten erstmals im New Yorker Brooklyn Museum. Allmählich interessierten sich immer mehr Galerien, Museen, Musiker und sogar die Industrie für seine Arbeit. So entwarf Rizzi unter anderem das Design für zahlreiche Platten- und CD-Cover, Animations-Musik-Videos und verschiedene Alltagsgegenstände wie Telefonwertkarten oder Rosenthal-Porzellan. In Braunschweig hat er anlässlich der Weltausstellung Expo im Jahr 2000 sogar ein ganzes Haus gestaltet.
Charakteristisch für Rizzis Werk sind seine kindlich-naiven Darstellungen und sein beinahe verschwenderischer Einsatz von leuchtend bunten Farben. Seine Arbeiten strahlen urbane Lebensfreude und Optimismus aus, weshalb er von der Kunstpresse als »Urban Primitive Artist« bezeichnet wird.

Was sind Gefühle eigentlich?

Bilden Sie mit den Kindern einen Sitzkreis und überlegen Sie gemeinsam, was Gefühle eigentlich sind. Um den Kindern den Einstieg in das Gespräch zu erleichtern, helfen Sie Ihnen mit folgenden Fragen:

- Welche Gefühle kennt?
- Welche Möglichkeiten habt ihr, um eure Gefühle auszudrücken?
- Wie erkennt ihr, welche Gefühle ein Mensch gerade ausdrückt?
- Haben auch Tiere Gefühle? Wenn ja, wie zeigen sie diese?
- Können Häuser, Autos und andere Gegenstände auch Gefühle haben?
- Könnt ihr euch eine Welt ohne Gefühle vorstellen?

Diskutieren Sie diese Fragen mit Kindern und geben Sie ihnen die Möglichkeit, mit verschiedenen Ausdrucksmöglichkeiten zu experimentieren. Wer möchte, darf in der Runde vorführen, wie er Freude, Trauer oder Wut zeigt. Machen Sie von den Kindern jeweils ein Foto mit dem entsprechenden Gesichtsausdruck.

So sehen wir unsere Welt

Die Gefühle der Häuser

Nachdem die Kinder sich mit ihren eigenen Ausdrucksmöglichkeiten auseinander gesetzt haben, überlegen sie gemeinsam, ob auch Häuser wütend oder fröhlich sein können. Lassen sie die Kinder zunächst aufmalen, wie glückliche oder traurige Häuser aussehen könnten. Anschließend stellt ein Kind nach dem anderen seine Zeichnung durch eigene Mimik nach. Erkennen die anderen Kinder, was dieses Haus gerade empfindet? Welches Gefühl wird hier dargestellt?

Bedeutung der Farben

Rot steht für Liebe, Gelb für Neid, Blau für Treue, Grün für Hoffnung. Farben symbolisieren aber nicht nur Gefühle, sondern auch die Natur oder die Umwelt. Rot signalisiert uns Feuer, Grün führt uns in die Welt der Pflanzen, Gelb erinnert uns an die Wärme der Sonne und Blau ist die Farbe des Himmels.

Gefühlsarbeit mit Fotos

Für die folgende Auseinandersetzung mit dem Werk von Rizzi brauchen Sie:

- 1 Digital- oder Polaroidkamera
- 1 Computer
- 1 Schwarzweißdrucker
- bunte Filz- oder Wachsmalstifte

So geht's: Machen Sie mit den Kindern eine kleine Exkursion in die Umgebung. Unterwegs fotografieren die Kinder verschiedene Häuser mit einer Digitalkamera. Später vergrößern sie die Fotos am Computer und verwandeln sie in Schwarzweißfotos. Die so bearbeiteten Fotos drucken die Kinder mit einem Tintenstrahldrucker aus und hängen sie im Raum auf. Die Kinder betrachten und vergleichen die Fotos. Was will uns dieses Haus sagen? Angenommen Häuser hätten Gefühle, wie fühlt sich dieses Haus?
Nachdem sich die Kinder mit den Gefühlen von Häusern vertraut gemacht haben, malen sie diese mit bunten Farben in ihre Fotos ein.

Variation: Polaroidfotos können am Kopiergerät vergrößert und als Schwarzweißkopie ausgegeben werden.

Gegenständliche Gefühlswelt

Nachdem die Kinder sich ausführlich mit den Gefühlen von Häusern befasst haben, dürfen sie eigene Ideen entwickeln, um dieses Thema fortzuführen. Welche Gegenstände äußern ebenfalls Gefühle? Wie geht es der Teekanne, wenn sie heißes Wasser eingefüllt bekommt? Wie fühlen sich unsere Schuhe, wenn wir sie sowohl auf der Straße als auch im Haus tragen? Welche Gefühle hat ein Auto, wenn es morgens seinen Besitzer schnell und sicher zur Arbeit bringen soll? Fühlt es sich am Wochenende anders, wenn es mit der Familie einen Ausflug machen darf? Sicher werden die Kinder zu diesen Fragen viele interessante Antworten und Ideen zu deren Umsetzung finden.

Gefühlshäuser bauen

Bei diesem Angebot setzen die Kinder ihre Auseinandersetzung mit Häusern und ihren möglichen Gefühlen fort. Diesmal bauen sie selbst Gefühlshäuser. Dafür brauchen sie:

- große Pappkartons
- Acrylfarbe
- Cutter
- Bleistifte

So geht's: Zunächst überlegt sich jedes Kind einen Entwurf für sein Gefühlshaus und zeichnet diesen auf Papier. Welche Gefühle sollen ihre Häuser ausdrücken? Wie ist dies am besten zu erkennen? Als Anregung nehmen sie ihre selbst aufgenommenen Fotos mit den Gefühlsausdrücken zu Hilfe. Wer möchte, darf sein Haus auch so gestalten, dass es die eigenen Gefühle ausdrückt. Ein Haus kann auch mehrere Gefühle gleichzeitig zeigen. Alles ist erlaubt. Die Häuser dürfen wütend, freundlich, traurig sein oder alle Gefühle zusammen zeigen. Die vorgezeichneten Fassaden schneiden die Kinder aus, bemalen diese und kleben sie auf die Kartonhäuser. Nun erhält jedes Haus noch bunte Augen, Münder, Nasen und Ohren. Jedes Kind gestaltet sein Modell nach seinen Vorstellungen.

Gefühle unserer Alltagswelt

Getreu dem Motto »Ein Bild sagt mehr als tausend Worte« gestalten die Kinder nun Collagen, mit denen sie die Gefühle in ihrer Umgebung darstellen. Sie brauchen:

- alte Kataloge
- alte Zeitschriften
- Schere
- Kleber
- bunte Abtönfarben
- weißen Tonkarton

So geht's: Die Kinder betrachten zunächst die Kataloge und Zeitschriften. Erkennen sie, welche Gegenstände auf den Fotos besonders fröhlich oder traurig sind? Vielleicht zeigen einige Gegenstände gar keine Gefühle. Fühlt sich ein Kind von einem Foto besonders angesprochen oder berührt, schneidet es dieses aus.
Haben die Kinder genügend Fotomaterial gefunden, legen sie ihre Bilder auf dem Tonkarton aus und arrangieren die Elemente nach ihren Vorstellungen. Wie fühlen sich die Gegenstände nun? Wie könnten sie sich besser fühlen? Um die ausgeschnittenen Gegenstände fröhlicher zu stimmen, erhalten sie bunte Gesichter und leuchtende Kleider. Mit bunten Abtönfarben gelingt es den Kindern sicher, dass ihre Bilder voller Lebensfreude strahlen.

Vernissage der Welt der Gefühle

Organisieren Sie mit den Kindern eine Vernissage, zu der sie die Eltern einladen. Mit ihren Werken haben die Kinder die Möglichkeit, Einblicke in ihre Gefühlswelt zu geben. Sie erzählen, wie sie sich ihre Lebenswelt vorstellen, wenn Häuser, Autos oder sogar Schuhe ihre Gefühle zeigen könnten.

Glitzerndes Unterwasserfest

Sicher kennen Sie die Geschichte vom Regenbogenfisch und haben das Buch von Marcus Pfister schon unzählige Male vorgelesen. Aber haben Sie diese Geschichte mit den Kindern schon einmal gespielt? Lesen Sie die Geschichte mit den Kindern noch einmal, bevor Sie die Rollen verteilen. Noch spannender wird diese Mitmachgeschichte, wenn die Kinder sie mit fluoreszierenden Kostümen und Schwarzlicht ihren Eltern vorführen dürfen.

Die Geschichte

Weit draußen im Meer lebte ein kleiner Fisch. Er war der schönste Fisch im großen Ozean. Seine Schuppen schillerten so schön in allen Farben des Regenbogens, dass die anderen Fische ihn bewunderten und Regenbogenfisch nannten. Eines Tages traf der Regenbogenfisch einen kleinen Fisch. Der fragte ihn, ob er eine Schuppe geschenkt bekommen könnte. Der Regenbogenfisch war darüber sehr empört. Enttäuscht schwamm der kleine Fisch zu den anderen Fischen. Seit diesem Tage wollte keiner mehr mit dem Regenbogenfisch spielen. Da wurde der Regenbogenfisch sehr traurig und einsam. Als er dem kleinen Seestern sein Leid klagte, schickte dieser ihn zum weisen Tintenfisch Oktopus. Der Regenbogenfisch machte sich auf den Weg und schwamm zu Oktopus in die Höhle. Dort war es sehr dunkel. Nur zwei Augen leuchteten aus dem Dunkeln. Der Tintenfisch wusste wirklich Rat. Wenn der Regenbogenfisch jedem seiner Freunde eine kleine Glitzerschuppe abgeben würde, wären alle glücklich und er hätte wieder Freunde. Eines Tages traf der Regenbogenfisch den kleinen blauen Fisch wieder. Diesmal schenkte er ihm eine kleine Glitzerschuppe. Das machte den kleinen blauen Fisch sehr glücklich. Nach und nach erhielt jeder der Fische im Ozean eine kleine Glitzerschuppe und alle freuten sich riesig.

Kostüm für den Regenbogenfisch

Sie brauchen:

- 1 großen Pappbogen
- blaue und grüne fluoreszierende Farbe
- blaue und grüne Neonfarben
- 1 schwarzes T-Shirt
- 1 Paar schwarze Leggins

So geht's: Für den Regenbogenfisch wird ein großer Bogen Pappe in Form eines Fischrumpfes zugeschnitten und mit fluoreszierender Farbe bemalt. Als Nächstes gestalten die Kinder viele Glitzerschuppen aus Pappe. Zur Verzierung verwenden sie jedoch Neonfarben statt Glitter, da dieser nur bei Licht glitzert. Um die Wirkung der Neonfarbe zu verstärken, tupfen die Kinder sie vorsichtig auf die Fischschuppen. Nun müssen die Farben auf dem Rumpf und den Glitzerschuppen trocknen. Nach dem Trocknen wird der Rumpf mit senkrechten Schlitzen versehen, in denen die Glitzerschuppen eingesteckt werden. Hierbei schieben die Kinder jede einzelne Schuppe von hinten nach vorne durch den Schlitz. Damit das Schuppenkostüm im Schwarzlicht zur Geltung kommt, trägt der Regenbogenfisch darunter eine schwarze Leggins und ein schwarzes T-Shirt.

Kostüme für die kleinen Fische und den Seestern

Sie brauchen für jeden Fisch:

- 1 großen Pappbogen
- blaue und grüne fluoreszierende Farbe
- blaue und grüne Neonfarben
- 1 schwarzes T-Shirt
- 1 Paar schwarze Leggins

So geht's: Gestalten Sie mit den Kindern für jeden kleinen Fisch und den Seestern ein ähnliches Kostüm wie für den Regenbogenfisch. Im Unterschied zum Regenbogenfisch erhalten die kleinen Fische aber nur einen Schlitz, da sie im Spielverlauf nur eine Glitzerschuppe bekommen. Wie der Regenbogenfisch tragen auch die kleinen Fische unter ihrem Schuppenkleid schwarze Leggins und T-Shirts.

Kostüm für den Tintenfisch

Für dieses Kostüm brauchen Sie:

- 2 Tennisbälle oder Styroporkugeln
- 2 Holzstäbe
- rote Neonfarbe
- schwarze Farbe
- 1 schwarzes T-Shirt
- 1 Paar schwarze Leggins

So geht's: Da der Tintenfisch in einer dunklen Höhle sitzt, braucht er außer einer schwarzen Leggins und einem schwarzen T-Shirt nur noch zwei leuchtende Augen. Die Kinder bemalen zwei Tennisbälle mit roter Neonfarbe und stecken diese nach dem Trocknen auf zwei schwarze Holzstäbe.

Unterwasserlandschaft als Kulisse

Für das Bühnenbild brauchen Sie:

- weiße Pappbögen
- Holzstäbe
- fluoreszierende Farben
- weiße Abtönfarbe
- Holzstäbe
- Blumentöpfe
- Sand

So geht's: Die Kinder skizzieren die Umrisse der Unterwasserelemente auf weiße Pappe und schneiden diese aus. Dann bemalen sie jedes Element nach ihren Vorstellungen mit fluoreszierenden Farben. Nachdem die Farbe getrocknet ist, wird jedes Element an einem Holzstab befestigt. Nun füllen die Kinder kleine Blumentöpfe mit Sand und stecken die Stäbe hinein.

Vorhang auf!

Für die Aufführung brauchen Sie außer den Kostümen und den Elementen für das Bühnenbild:

- Buch von Marcus Pfister mit der Geschichte vom Regenbogenfisch
- 1 Raum mit dunklen Vorhängen oder Jalousien
- 1 Schwarzlichtlampe
- 1 schwarzes Tuch

Dunkeln Sie den Vorführraum gut ab und schalten Sie die Schwarzlichtlampe ein. Nach einer kleinen Begrüßung des Publikums setzen Sie sich sichtbar an den Bühnenrand und lesen die Geschichte von dem kleinen Regenbogenfisch vor. Nun kann das Rollenspiel beginnen:

So geht's: Der Regenbogenfisch betritt die Bühne.
Kurz darauf erscheint der kleine blaue Fisch. Beide Fische begegnen sich.
Der kleine blaue Fisch schwimmt enttäuscht weg.
Der Regenbogenfisch bleibt alleine auf der Bühne.
Von der Seite schwebt der kleine Seestern heran. Beide begegnen sich.
Der Seestern schwebt von der Bühne.
Der Regenbogenfisch sucht den Tintenfisch in seiner Höhle auf.
Hinter einem schwarzen Tuch leuchten die roten Augen vom Tintenfisch auf und verschwinden wieder.
Der kleine blaue Fisch kommt zum zweiten Mal auf die Bühne. Nun löst der Regenbogenfisch eine Glitzerschuppe aus seinem Rumpf.
Ein ganz in schwarz gekleidetes Kind lässt sie durch den Raum zum kleinen blauen Fisch schweben und steckt sie ihm in sein Schuppenkleid.
Nun kommen alle Fische auf die Bühne. Auch sie erhalten eine Glitzerschuppe.
Haben alle kleinen Fische eine Glitzerschuppe erhalten, schwimmt der Regenbogenfisch in die Mitte der Bühne.
Das Schwarzlicht geht aus.
Nun sind nur noch die leuchtenden Schuppen der Fische zu sehen.
Es darf applaudiert werden.

Regenbogenbüfett

Stellen Sie mit den Kindern ein Bufett zusammen, auf dem alle Regenbogenfarben zu finden sind. Für den Einstieg beginnen Sie mit der Zubereitung folgender Speisen:

Regenbogencocktails

Bereiten Sie mit den Kindern bunte Cocktails zu. Beim Mixen der Säfte können sie beobachten, wie die Farben ineinander laufen und sich vermischen. Sie brauchen:

- verschiedene Frucht
- Gemüsesäfte
- Milch
- Zitronensaft
- Pfefferminztee
- Waldmeistersirup
- Gläser
- Glaskaraffen
- Löffel
- Trinkhalme
- Etiketten
- Stifte

So geht's: Die Kinder mixen die Säfte miteinander und versehen das Gefäß mit einem Etikett. So behalten sie den Überblick und wissen gleich, welchen Fruchtcocktail sie am liebsten oder gar nicht mögen. Besonders appetitanregend sind die Getränke, wenn sie dekorativ in Glaskaraffen gefüllt und nach Regenbogenfarben sortiert aufgestellt werden.

Regenbogenkuchen

Sie brauchen:

- 3 bis 4 Eier
- 250 Gramm Margarine
- 250 Gramm Zucker
- 1 Tasse Milch
- 500 Gramm Mehl
- 1 Päckchen Backpulver
- 1 kranzförmige Backform
- Puderzucker
- Zitronensaft
- gelbe, rote, grüne und blaue Lebensmittelfarbe

So geht's: Die Kinder verrühren die Margarine mit dem Zucker und den Eiern. Dann geben sie die Milch dazu. Anschließend mischen sie das Backpulver unter das Mehl und geben es langsam in die angerührte Mischung. Den fertigen Rührteig teilen die Kinder in vier Portionen, färben ihn mit je einer Lebensmittelfarbe und geben ihn schichtweise in eine Kranzform. Danach kommt der Teig in den vorgewärmten Backofen. Nach dem Erkalten wird der Kuchen mit farbiger Zuckerglasur gefüllt. Die Kinder schneiden den fertig gebackenen Kuchen der Länge nach auf. Dann rühren sie aus Puderzucker und Zitronensaft eine Glasur an, portionieren diese und geben die Lebensmittelfarben dazu. Mit dieser Lasur bepinseln sie die einzelnen Kuchenschichten und legen sie wieder übereinander. Fertig ist der Regenbogenkuchen, der vor allem bei Mädchen gut ankommt.

Variation: Die Kinder backen mehrere kleine bunte Küchlein. Der Teig wird zum Backen in kleine Backformen (aus Papier) gefüllt.

Wir färben die Dunkelheit

Aktionen bei Dunkelheit wie Nachtwanderungen oder Lagerfeuer üben auf Kinder immer wieder eine starke Faszination aus. Viele Kinder haben Angst vor der Dunkelheit, sie fürchten sich vor den Geräuschen der Nacht oder wenn sie ohne ihre Eltern unterwegs sind. In dieser spannungsreichen Atmosphäre, die von Angst, Heimweh und unbekannten Geräuschen geprägt ist, lässt sich ein Projekt zu »Lands Art« gut umsetzen. Die Kinder bauen ihre Kunstwerke bereits bei Tage und besuchen diese dann bei Dunkelheit.

»Lands Art« bei Nacht

Überlegen Sie gemeinsam mit den Kindern, welches Kunstwerk aus Naturmaterialien in der Nacht besonders spannend wirken könnte. Anschließend dürfen sich die Kinder von der Wirkung ihrer Vorschläge selbst überzeugen.
Für die Umsetzung ihrer Ideen brauchen sie:

- gerade kurze Äste
- Herbstlaub
- lange Binsen
- Paketschnur
- Scheren
- Teelichter
- Gläser (als Windschutz für die Teelichter)

So geht's: Bauen Sie mit den Kindern zuerst eine Art Webrahmen. Binden Sie vier Äste mit Binsen oder Schnüren zusammen. Dann bespannen sie die Rahmen mit einer Paketschnur. Nun fädeln die Kinder das Herbstlaub auf die Binsen und flechten es in die Rahmen ein. Diese Arbeit erfordert einige Geduld, da sie sehr filigran ist. Sammeln Sie die fertigen Rahmen ein. Bei Dunkelheit stellen Sie die Rahmen im Abstand von je zehn Metern auf. Hinter jeden Rahmen platzieren Sie ein Glas mit einem brennenden Teelicht. So entstehen fantastische Leuchtfenster. Langsam wandern Sie nun gemeinsam mit den Kindern den Pfad entlang. Zum Abschluss der Aktion gibt es heißen Tee.

Die Waldgeister sind unterwegs!

Wir alle kennen Geschichten von leuchtenden, gruseligen oder freundlichen Waldgeistern. Um freundliche Waldgeister anzulocken, bauen die Kinder eine Geisterbahn der besonderen Art. Dabei sollte nicht das Gruseln im Vordergrund stehen, sondern das Erleben der Nacht im Freien. Suchen Sie zunächst ein geeignetes Gelände aus und teilen Sie die Kinder in Kleingruppen ein. Außerdem brauchen Sie für diese Aktion:

- Paketband
- Taschenlampen
- Fackeln
- Äste
- Blätter
- Blumen
- Eicheln
- Federn
- Obst
- Erdfarben
- Lehm
- Holzkohle

So geht's: Jede Gruppe bekommt die Aufgabe, für eine andere Gruppe eine Geisterbahn aufzubauen. Im geeigneten Gelände spannen sie von Baum zu Baum verschiedene Schnüre. Sie befestigen Farnblätter an den Schnüren und hängen diese in die Bäume. Nun gestalten die Kinder die Waldgeister aus den vorhandenen Naturmaterialien. Wer möchte, darf sich auch selbst als Waldgeist verkleiden und im Gelände verstecken. Für die Verkleidungen und Gesichtsbemalungen dürfen die Kinder allerdings nur Naturmaterialien verwenden.
Sobald es dunkel ist, nimmt die erste Kleingruppe ihre Taschenlampen und bringt sich auf ihrer Geisterbahn in Position. In einiger Entfernung setzen sich die anderen Kinder gemütlich um eine Fackel und warten. Jetzt werden die Kinder einzeln oder zu zweit abgeholt und zum Eingang der selbst gebauten Geisterbahn geführt. Dort ist eine Fackel oder eine andere Lichtquelle angebracht. Die Kinder tasten sich nun an der Schnur entlang durch die Dunkelheit. Sobald die Kinder an einem Waldgeist vorbeikommen, wird dieser für einen Augenblick von seinem hier wartenden Erbauer beleuchtet. Vielleicht ist sogar freundliches Kichern der Waldgeister zu hören.

ab 8 Jahre

Service

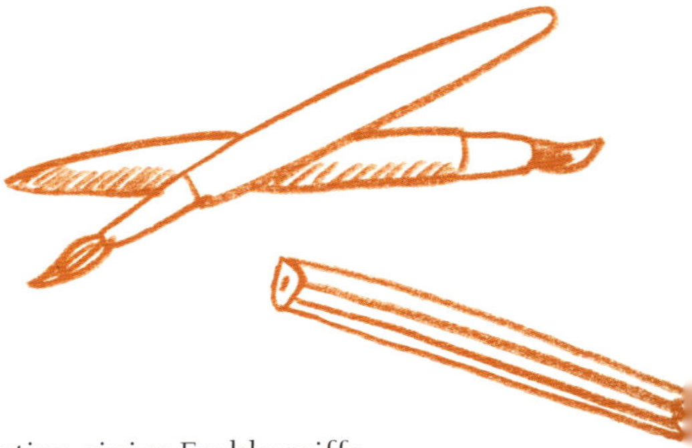

Glossar der Kunstbegriffe

Im folgenden Glossar haben wir zu Ihrer Information einige Fachbegriffe mit den dazugehörigen Erläuterungen zusammengetragen. Allerdings erheben wir keinen Anspruch auf Vollständigkeit, denn dafür ist das Thema »Farben und Kunst« viel zu umfassend.

Abstrakte Kunst	Ungegenständlicher Kunststil, der 1908 von Kandinsky begründet wird. Er verzichtet auf die Wiedergabe eines Naturvorbildes.
Abstrakter Expressionismus	Kunstbewegung des 20. Jahrhunderts, die ihren Ausdruck im spontanen Malakt findet. Ihre Wurzeln begründen sich im Werk von Kandinsky, aus dem sich in den USA der 40er und 50er Jahre verschiedene Stilarten entwickeln. Besonders bekannt sind unter anderem Jackson Pollock mit seinen Aktionsmalereien und Mark Rothko mit seinen pulsierenden Rechtecken in satten Farben.
abstrakt	Lateinisch »abstrahere« = weglassen, abziehen, entfernen. Abstrakte Kunst verzichtet auf gegenständliche Formen.
Acrylfarbe	Wasserlösliche Kunstharz-Dispersionsfarbe, die schnell trocknet, leuchtstark und wasserfest ist.
Airbrush	Maltechnik mit stufenlos verstellbarem mechanischen Farbsprayer (Luftbürste, Luftpinsel), die vor allem in der PoP-Art und im Fotorealismus verwendet wird.
Aquarellfarben	Wasserfarben mit sehr hoher Transparenz, die die unteren Farbschichten und den Malgrund durchscheinen lassen.
Bildende Kunst	Oberbegriff für Baukunst, Bildnerei, Malerei und Grafik, Kunstgewerbe. Bildend bedeutete ursprünglich abbilden, ein Bild machen und gestalten.
Collage	Bei der Collage werden verschiedene Materialien wie Papier oder Textilien auf die Bildfläche (Papier, Pappe oder Leinwand) geklebt. Eine Kombination mit Übermalungen in Öl- oder Wasserfarbe ist ebenfalls möglich.
Expressionismus	Bewegung in der bildenden Kunst, die Ende des 19. Jahrhunderts - als Reaktion auf den Impressionismus - ihren Anfang nahm und deren wichtigste Vertreter unter anderem Cezanne, van Gogh, Gauguin, Munch, Marc, Macke, Nolde und Kirchner sind. Diese Ausdruckskunst macht das Innenleben spontan und anaturalistisch sichtbar.
Farbpsychologie	Befasst sich mit den Wirkungen von Farben auf unser Empfinden, Denken und Handeln.
Farbsymbolik	Sinnbildliche Bedeutung von Farben.

Finissage	Letzter Tag einer Ausstellung.
Firnis	Schnell trocknendes, farbloses Öl, das als Schutzschicht (Fixativ) aufgetragen wird.
Fries	Französisch »friser« = kräuseln. Flächenstreifen zur Gliederung, zum Schmuck oder zum Abschluss eines Bauwerkes, eines Paneels, einer Türfüllung oder einer Schrägfläche. Friese haben oftmals geometrische oder pflanzliche Zierelemente und nur selten figürliche Zierformen.
Frottage	Maltechnik, bei der durch Reibung mit Graphit oder Bleistift die natürliche Unterlage auf einen Bogen Papier übertragen wird.
Gouache	Malerei mit deckenden Wasserfarben, die durch weiße Füllstoffe kreidig wirken und mit einem harzigen Bindemittel vermischt werden.
Impressionismus	Kunstrichtung, die Ende des 19. Jahrhunderts in Frankreich entstand. Ihre bekanntesten Vertreter sind unter anderem Renoir, Manet, Monet, Pissarro, Sisley, Corinth, Slevogt und Liebermann. Ihr Name geht auf ein Bild von Monet zurück, das er 1877 unter dem Titel »Impression« ausstellte. Der Impressionismus vertrat eine neue Auffassung von Naturalismus, wonach ein Gegenstand im Augenblick der Erscheinung gemalt werden sollte. Es handelt sich vorrangig um Freilichtmalerei mit natürlichen Lichtverhältnissen, die die vorherrschenden Licht-, Luft- und atmosphärischen Stimmungen abbildete.
Informelle Malerei	Gegenstandslose, abstrakte Kunstrichtung mit vielfältigen Stilrichtungen, die sich 1945 in Paris begründete und mit ihrer spontanen Arbeitsweise jede Kompositionsregel ablehnte. Ihre bekanntesten Vertreter sind unter anderem M. Tapiés, Otto Götz, Emil Schumacher, Fritz Winter und Hans Hartung.
Jugendstil	Stilrichtung, auch Art Nouveau, moderner Stil, Sezessionsstil genannt, die ihren Anfang in der angewandten Kunst Ende des 19. Jahrhunderts nahm und in den folgenden Jahrzehnten in Malerei, Bildhauerei und besonders in der Architektur ihre Ausprägung fand.
Kalligraphie	Griechische Bezeichnung für Schönschreibekunst, bei der nicht der Informationszweck, sondern ästhetische Prinzipien vorrangig sind. In asiatischen Ländern wie China, Japan und Indien sowie in islamisch geprägten Kulturen gilt Kalligraphie noch heute als eine der Malerei ebenbürtige Kunstform.
Komposition	Aufbau eines Kunstwerkes aus verschiedenen Elementen nach bestimmten Kriterien. Maßgeblich für eine gelungene Komposition in Malerei, Bildhauerei und Architektur sind die Verwendung von Farben, Formen und Materialien.
Kubismus	Kunstrichtung, die sich zwischen 1908 und 1915 entwickelte. Ihre bedeutendsten Vertreter sind unter anderem Picasso, Braque, Léger und Gris. Die Künstler lösten sich von der Realität und konstruierten sie neu, indem sie diese auf geometrische, kristalline Grundformen zurückführten. Später arbeiteten sie mit so genannten Realitätsabfällen und Klebebildern, um einen neuen, visuellen Bezug zur Wirklichkeit herzustellen.

Lasur, lasieren	Im Gegensatz zu Deckfarben sind Lasurfarben durchscheinende, nicht deckende Farben mit geringem Pigmentanteil. Eine Lasur wird auf eine getrocknete Farbschicht aufgetragen, sodass diese in leicht verändertem Ton durchscheint.
Luftperspektive	Methode der Darstellung von weit entfernten Objekten. Mit zunehmender Entfernung nimmt die Schärfe der Konturen und Binnenzeichnungen sowie der Farbtemperatur ab. So erscheinen weit entfernte Täler einer Landschaft in matten, blaugrauen Farben.
Malerei	Bezeichnung für das Auftragen von Farbstoffen auf unterschiedliche Oberflächen. Die älteste, bekannte Malerei entstand etwa 30.000 vor Christi in den Höhlen von Lascaux. Die Stilgeschichte der Kunstmalerei ist komplex und umfassend.
Objet trouvé	Französisch »Fundstück«. Bezeichnet in der Kunst alltägliche Gegenstände und Abfallprodukte, die als künstlerisches Gestaltungsmittel verwendet werden. Beliebt ist das Objet trouvé in Collagen und Assemblagen (Kombinationen verschiedener Kunstwerke).
Ölfarbe	Pigmenthaltige Farben, die als Bindemittel trockene Öle wie Lein-, Mohn- oder Walnussöl enthalten. Am häufigsten wird Leinöl gebraucht. Ölfarben oxidieren an der Luft und verwandeln sich beim Trocknen in eine feste, lederartige Substanz. Nach dem sehr langen Trocknungsprozess wird die Farbe in der Regel mit Firnis behandelt, um sie vor Feuchtigkeit, Staub, Verschmutzungen und dem Sauerstoff der Luft zu schützen.
Passepartout	Aus Pappe oder Karton geschnittener Papierrahmen für Bilder aller Art. Ein Passepartout schützt die Kunstwerke vor unmittelbarer Berührung und ermöglicht die Verwendung eines größeren Rahmens.
Pastellfarben	Farbpulverpaste, denen geringen Mengen wasserlöslicher Bindemittel beigemischt werden. Wegen ihrer geringen Haftfähigkeit lassen sie sich zu feinsten Übergängen verwischen. Damit das vollendete Bild nicht ungewollt verwischt, wird es mit einem Fixativ eingesprüht.
Plastik	Arbeit der Bildhauerkunst.
Pointillismus	Französisch »point« = Punkt. Maltechnik im Neo- oder Postimpressionismus, auch Divisionismus genannt, die sich um 1880 entwickelte. Die Farbe wird nicht flächig aufgetragen, sondern als punkt- oder strichförmiges Raster. Die aufgetragenen Grundfarben mischen sich erst beim Anblick des Gesamtbildes im Auge des Betrachters.
Pop Art (popular art)	Kunstrichtung, die sich ab 1950 sowohl in den USA als in England entwickelte und in allen Disziplinen ihren Ausdruck fand. Ihre Vertreter wie Andy Warhol, Roy Lichtenstein, Robert Rauschenberg, Tom Wesselmanns, Richard Hamilton und David Hockney thematisierten den Alltag der modernen Konsumgesellschaft, ihre Subkultur und Massenmedien in kritischer und ironischer Weise.
Proportionslehre	Befasst sich mit den Größenverhältnissen der Einzelelemente eines Kunstwerkes. Als allgemeingültige Gesetzmäßigkeiten gelten der Kanon des menschlichen Körpers sowie der Goldene Schnitt.

Realismus	Kunstrichtung, die im 19. Jahrhundert entstand. Ihre Vertreter wie Courbet, Spitzweg und Menzel waren bestrebt, die erlebte Realität exakt in ihren Kunstwerken wiederzugeben.
Silhouette	Darstellung eines Objekts als Schattenbild. Benannt nach dem Finanzminister von Ludwig XV., Etienne de Silhouette. Als Sparmaßnahme genehmigte dieser im Jahre 1759 nur noch Schattenbilder statt Miniaturporträts. Vorbild für diese Kunstform in Europa war das ostasiatische Schattenspiel.
Skulptur	Lateinisch »Sculpere« = herausmeißeln. Aus Stein, Holz oder auch anderen Materialien herausgearbeitetes Kunstwerk.
Stillleben	In den Niederlanden des 17. Jahrhunderts entwickelte Art der Darstellung von leblosen oder unbewegten Gegenständen, die in ihrer Gesamtheit eine ästhetische oder symbolische Einheit bilden.
Strukturen	Häufung gleicher oder verwandter Formen, Anordnung der Elemente eines Gesamtbildes zueinander, gegliederter Aufbau, Musterung.
Surrealismus	Nach dem Ersten Weltkrieg in Paris entstandene Kunstbewegung. Einige Künstler wie Salvador Dali und René Magritte bauten mit realistisch dargestellten Objekten neue, irrationale Sinnzusammenhänge auf. Andere Künstler wie Joan Miro und Hans Arp experimentierten mit abstrakt-organischen Formen.
Symbolische Malerei	Bewegung, die sich Ende des 19. Jahrhunderts als Gegenpol zum Realismus und Impressionismus begründete. Künstler wie Blake, Rossetti, Puvis de Chavannes, Moreau und Redon wollten das Irrationale und die Fantasie abbilden, künstlerische Inhalte symbolisch sichtbar machen. Ein Motiv ist zum Beispiel die Taube als Friedenssymbol.
Tempera	Maltechnik mit Farben, die mit einer Emulsion aus wässrigen sowie einer fetten oder harzigen Komponente gebunden sind. Temperafarben decken ähnlich stark wie Ölfarben und trocknen sehr schnell auf den Malgrund.
Transparenz	Durchsichtigkeit, Durchlässigkeit der Farben.
Unikat	Kunstwerk, von dem es nur ein einziges Exemplar gibt. Jedes Ölbild, jede Handzeichnung ist ein Unikat.
Vernissage	Veranstaltung zur Eröffnung einer Ausstellung.

Literatur

Fachliteratur

Margarete Bruns:
Das Rätsel Farbe. Materie und Mythos.
Reclam, 2006.
Nach einer kleinen Einführung in die physikalischen, biologischen und psychologischen Aspekte der Farbe erklärt die Autorin detailliert und kurzweilig die einzelnen Farben.

Victoria Finlay:
Das Geheimnis der Farben. Eine Kulturgeschichte.
Ullstein Taschenbuch, 2005.
Woher kommen das Tizianrot oder das berühmte Blau eines Vermeer? Mit welchen Farben bemalten die Neanderthaler ihre Höhlen? Warum ist Ultramarin eine der teuersten Farben der Welt? Eine äußerst unterhaltsame Kulturgeschichte über den Ursprung der Farben.

Hans Gekeler:
Handbuch der Farbe. Systematik, Ästhetik, Praxis.
Hansen-Schmidt, 1987.

Sonja Heilborn, Karin Schäfer, Helge Weinrebe, Kordula Weinrebe:
Eine bunte Welt erschaff ich mir. Farben finden, Formen mischen.
Verlag Herder, 2006.
Wie kindgemäße Aktivitäten geplant, durchgeführt und nachbereitet werden können, zeigt dieses Buch mit rund 50 Gestaltungsideen.

Astrid Jahns:
Alles über Farben.
Verlag an der Ruhr, 2006.

Monika Krumbach:
Von Farbe, Licht und Schatten.
Ökotopia, 2002.
Optische Phänomene in spannenden Spielen, verblüffenden Experimenten, fantasievollen Bastelaktionen, aufregenden Exkursionen und Informationen mit Kindern erleben.

Harald Küppers:
Schule der Farben. Grundzüge der Farbentheorie für Computeranwender und andere.
DuMont Literatur und Kunst, 2001.

Harald Küppers:
Das Grundgesetz der Farbenlehre.
DuMont Literatur und Kunst, 2004.

Andreas Neider (Hrsg.):
Lernen durch Kunst.
Verlag Freies Geistesleben, 2005.
Die Autoren beleuchten die Bedeutung des künstlerischen Lernens für die Entwicklung des Kindes aus naturwissenschaftlicher, pädagogischer sowie geisteswissenschaftlicher Perspektive und erarbeiten daraus resultierende Konsequenzen und Neuansätze für die Pädagogik.

Fiona Watt:
Das Ravensburger Werkbuch Farbe.
Ravensburger Buchverlag, 2006.
Techniken wie Collage, Batik, Druck, Nass-in-Nass-Malerei, praktische Übungen zum Malen mit verschiedenen Farben, Kreiden und Tinte sowie viele Tipps machen dieses Buch zum Standardwerk.

Jakobine Wierz:
Große Kunst in Kinderhand. Farben und Formen großer Meister spielerisch mit allen Sinnen erleben.
Ökotopia, 2001.
Kinder und große Maler – passt das zusammen? Für Kinder kann es kaum etwas Spannenderes geben als den Spuren großer Künstler zu folgen, indem sie selber zum Künstler werden.

Sachbücher

David Burnie:
Licht. Von den Sonnengöttern des Altertums bis zu Einsteins Quantentheorie des Lichts.
Gerstenberg, 1993.

Eva Heller:
Die wahre Geschichte von allen Farben. Für Kinder, die gern malen.
Lappan Verlag, 1994.
Diese leicht verständliche, witzige, spannend und lehrreiche Farbenlehre erzählt von den Farben, ihren Eigenschaften, ihrer Wirkung und psychologischer Bedeutung.

Eva Heller:
Ich bin Künstler, ich kann alles malen.
Lappan Verlag, 2004.

Astrid Jahns:
Rot, Blau, Gelb. Wie kommen Farben in die Welt?
Rowohlt Taschenbuch, 2004.

Paul Köntopp:
Weiß weiß Bescheid. Ein Farben-Entdecker-Buch.
Baumhaus Medien, 2004.
Als Weiß sich an einem Regentag auf den Weg macht, um Gelb zu besuchen, ahnt es nicht, dass ihm Aufregendes bevorsteht.

Monika Lange, Andreas Steinig:
Warum sind Tiere bunt? Mein Tierbuch über Farben.
Patmos, 2004.

Meyers kleine Kinderbibliothek:
Die Farbe.
Bibliographisches Institut, 1991.

Bilder- und Vorlesebücher

Aliki:
Gefühle sind wie Farben.
Beltz & Gelberg, 1998.
Alikis Spielszenen aus dem Alltag vermitteln Verständnis für eigene und fremde Gefühle. Ein Bilderbuch zum Mitfühlen und Mitfreuen.

Jutta Bauer:
Die Königin der Farben.
Beltz & Gelberg, 2005
In poetischen Bildern erzählt die Autorin von Königin Malwida und ihren Untertanen Blau, Rot und Gelb. Ein Bilderbuch für alle, die wissen wollen, wie die Farben wirklich sind und wie sie sich miteinander vertragen.

Eric Carle:
Hallo, roter Fuchs.
Gerstenberg, 2007.
In diesem zauberhaften Bilderbuch entdecken Kinder mit eigenen Augen das faszinierende Wechselspiel der Komplementärfarben.

Helme Heine:
Der Hase mit der roten Nase.
Beltz & Gelberg, 2004.
Ein Hase freut sich über seine rote Nase und sein blaues Ohr, denn nicht einmal der Fuchs hat ihn erkannt.

Chuck Murphy:
Schau mal, Farben.
Ars Edition, 1998.
Mit diesem lustigen Pop-up-Buch wird das Zuordnen und Erkennen von Farben zum Kinderspiel. Welches Tier ist gelb, welches braun und welches grün? Ein Blick unter die Klappe zeigt die Lösung! Das gesuchte Tier springt heraus und bleibt im Gedächtnis seiner Betrachter.

Marcus Pfister:
Der Regenbogenfisch
Nord Süd Verlag, 1992.

Brettspiele

Klecks. Kennst du die Farben?
HABA, 2004.
Klecks das Zebra möchte die Welt bunter machen, greift aber ständig nach der falschen Farbe. Wer kann Klecks helfen und weiß, welche Farbe auf der anderen Seite der Karte zu sehen ist?
Für 2 bis 6 Spieler ab 3 Jahren.

DVD, CD-ROM

Dorothee Keusch-Jacob:
Himmelblau, Sonnengelb und Rosenrot.
Verlag Patmos, 2002.
Lieder, Gedichte und Geschichten von den Farben (CD).

Babys erste Schritte in die Welt der Farben.
Verlag Obersterbrink, 2005.
DVD-Bilderbuch für gemeinsame Entdeckungen mit wunderschönen Naturaufnahmen, kombiniert mit spielenden Kindern und lustigen Puppen. Unterlegt mit klassischer Musik von Bizet, Offenbach, Ravel, Rossini, Satie, Strauss und Tschaikowsky.

Internetseiten

www.artothek.de
Auf dieser Seite finden sich etliche Gemälde aus allen Epochen.

www.enterpreis.san-ev.de/webspace/Urmel.7831/indexx.html
Eine Grundschulklasse aus Laer hat auf dieser Seite ein Paul Klee Museum aufgebaut.

www.farben-welten.de/farbenlehre
Diese Seite informiert ausführlich über Goethes Farbenlehre.

www.kreidezeit.de
Viele Informationen und Bezugsadressen über Naturfarben.

www.rizzi-haus.de
Informationen über das Rizzi Haus in Braunschweig.

www.vskrems-lerchenfeld.ac.at/-projekt_kikuki01.htm
Hier können Kunstbilder als PDF heruntergeladen werden.

www.gruene-zitadelle.de
Diese Seite informiert über eine Magdeburger Wohnsiedlung, die unter der Mitwirkung von Hundertwasser sarniert wurde.

PeP
Projekte mit Kindern

Autorinnen dieser Mappe
Petra Eggers, Hamburg
Gabriele Wensky, Singapur

Außenredaktion
Cornelia Schönfeld, Freiburg

Illustrationen
Hildegard Müller, Ginsheim

Gestaltung und Satz
Hella Design, Emmendingen
helladesign@web.de

Reihenkonzept und Layout
Grafik-Design Schneider & Schneide
Reckels, Wiesbaden
schneider-reckels@t-online.de

Druck
fgb • Freiburger Graphische Betrieb
2007
www.fgb.de

Papier
Gedruckt auf umweltfreundlichem, chlorfrei gebleichtem Papier

Verlag Herder
Lektorat Pädagogik, Axel Wolber
Hermann-Herder-Straße 4
79104 Freiburg
Telefon 0761/2717-320
wolber@herder.de

Anmerkung des Verlages
Wir danken den Verlagen und Rech inhabern für die Abdruckgenehmigu gen. Bei einigen Texten war es trotz gründlicher Recherchen nicht mögli die Inhaber der Rechte ausfindig zu machen. Honoraransprüche bleiben bestehen.

Erscheinungsweise
jährlich 4 Ausgaben

Bezugspreise
Abonnement € 15,00 je Ausgabe
Einzelheft € 17,00 je Ausgabe
Preise zzgl. Versandkosten

Bestellungen
Verlag Herder
Frau Catrin Tinn
79080 Freiburg
Telefon 0761/2717–474
Fax 0761/2717–249
kundenservice@herder.de

ISSN 1436-5383
ISBN 13: 978-3-451-73054-2

Kennen Sie schon die anderen PeP-Mappen nach dem neuen Konzept?

Familienbande
80 Seiten, Ringordner
ISBN 978-3-451-73053-5

Bunte Berufswelt
80 Seiten, Ringordner
ISBN 978-3-451-73052-8

Europa ist gleich nebenan
80 Seiten, Ringordner
ISBN 978-3-451-73051-1

Feen, Zwerge, Märchenwelt
80 Seiten, Ringordner
ISBN 978-3-451-73049-8

Zahlenspiel und Zahlenspaß
80 Seiten, Ringordner
ISBN 978-3-451-73050-4

In Wald und Wiese
80 Seiten, Ringordner
ISBN 978-3-451-73046-7

Botschaften, Signale – Verständigung
80 Seiten, Ringordner
ISBN 978-3-451-73048-1

Drachen und Dinosaurier
80 Seiten, Ringordner
ISBN 978-3-451-73043-6

Burgen, Ritter, Edelfrauen
80 Seiten, Ringordner
ISBN 978-3-451-73047-4

Erhältlich in Ihrer Buchhandlung, oder bei:
D+A: kindergarten Fachversand, Sonja Bergmann, Postfach 674, D-79006 Freiburg, **CH:** HERDER AG Basel, Postfach, CH-4133 Pratteln 1

Ebenfalls noch lieferbar:
die „alten“ PeP-Mappen!

Entdecke den Weltraum
64 Seiten, Ringordner
ISBN 978-3-451-73025-2

Ich fühl mich wohl in meinem Körper
64 Seiten, Ringordner
ISBN 978-3-451-73037-5

Rund ums Bilderbuch
64 Seiten, Ringordner
ISBN 978-3-451-73039-9

Bei den Indianern
64 Seiten, Ringordner
ISBN 978-3-451-73041-2

Im Dschungel ist was los
64 Seiten, Ringordner
ISBN 978-3-451-73042-9

Leben im Wilden Westen
64 Seiten, Ringordner
ISBN 978-3-451-73033-7

Faszinierende Wasserwelten
64 Seiten, Ringordner
ISBN 978-3-451-73032-0

Feuer und Flamme
64 Seiten, Ringordner
ISBN 978-3-451-73026-9

Erhältlich in Ihrer Buchhandlung, oder bei:
D+A: kindergarten Fachversand, Sonja Bergmann, Postfach 674, D-79006 Freiburg, **CH:** HERDER AG Basel, Postfach, CH-4133 Pratteln 1